家庭教育心理咨询师手记

看家庭纪录片学亲子教育

姚一敏 詹小玲／著

中国纺织出版社有限公司

图书在版编目（CIP）数据

家庭教育心理咨询师手记. 看家庭纪录片学亲子教育/姚一敏，詹小玲著. -- 北京：中国纺织出版社有限公司，2023.5
ISBN 978-7-5229-0348-4

Ⅰ.①家… Ⅱ.①姚…②詹… Ⅲ.①家庭教育—教育心理学—心理咨询—案例 Ⅳ.①G780

中国国家版本馆CIP数据核字（2023）第028529号

责任编辑：张　宏　　责任校对：高　涵　　责任印制：储志伟

中国纺织出版社有限公司出版发行
地址：北京市朝阳区百子湾东里A407号楼　邮政编码：100124
销售电话：010—67004422　传真：010—87155801
http://www.c-textilep.com
中国纺织出版社天猫旗舰店
官方微博 http://weibo.com/2119887771
天津千鹤文化传播有限公司印刷　各地新华书店经销
2023年5月第1版第1次印刷
开本：880×1230　1/32　印张：6.75
字数：104千字　定价：58.00元

凡购本书，如有缺页、倒页、脱页，由本社图书营销中心调换

序
PREFACE

孩子厌学、休学、叛逆、情绪失控、游戏、网瘾、啃老……父母想尽办法，却无可奈何。

这些因孩子问题走入困境的家庭，出路在哪里？

爱能解决一切问题吗？

家长们是否渴望专家出手拯救自己的孩子？

许多看似有效的方法，为何实施起来效果不佳？误区在哪里？正确的思路又是什么？

这几年来，青稞一直在一线协助因青春期或始成年期孩子的心理与行为问题而求助的家庭，通过督导小组，带领一个个家庭从绝望走向希望，使家长们从无助、无奈到充满信心，使孩子从休学、颓废走向积极向上，使夫妻关系从破裂边缘重归幸福。

在这个过程中，我们见到了学员们曾经走过的各种弯路，积累了丰富的一线经验，也提炼出一套完整的家庭教育理论。

但很多父母虽然学习了理论知识，却仍不知如何解决具体问题。而青稞督导小组的现场案例，因保护隐私需要，不便对外

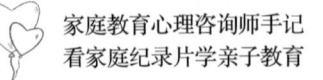

发布。所以，我们将督导小组内部对于相关纪录片的讲解整理出来，形成本书，以协助读者进一步掌握亲子教育的相关理论和实操方法。

  为了让学习效果最大化，建议大家阅读本书之前，先观看各个纪录片，并且动手做笔记，把自己的心得记录下来，独立思考后，再来阅读本书，学习效果才会最大化。

  希望广大读者朋友能够通过阅读本书，理解和掌握家庭教育的基本方法，建立和谐的家庭关系，帮助孩子更好地成长。

姚一敏
2022年9月

目录
CONTENTS

第一章　纪录片《镜子》解析　_001

　　家庭教育常见误区，你中招了吗　_003

　　读不懂孩子，根本原因在这里　_024

　　爱不是目的，成长才是目的　_039

第二章　纪录片《逆子》解析　_057

　　高知家庭为何养育出休学孩子　_059

　　解决孩子问题，调整夫妻关系是核心　_078

第三章　纪录片《理直气壮的啃老女儿》解析　_093

　　啃老族的心理画像　_095

　　啃老问题的解决途径　_115

第四章　纪录片《啃老儿子状告父母》解析　_135

　　啃老思维是如何形成的　_137

　　破除巨婴心理，才能杜绝啃老行为　_158

001

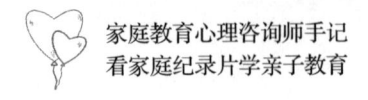

第五章 纪录片《我的叛逆儿子》解析　_165

　　孩子是真受伤了，还是有"受害者情结"　_167

　　孩子的心理伤害，要如何应对　_197

后记　_207

第一章
纪录片《镜子》解析

几个家庭因孩子辍学而陷入困境，父母们无奈将孩子送入一所特殊学校接受"改造"，却意外地让自己接受了一次触及灵魂的启蒙教育。

家明刚参加完中考准备上高中，因为想当流浪歌手与背包客而辍学在家。为了养家，家明的父亲很努力地工作。他希望家明努力读书，因为读书是他认为最好的出路。活在父母想法下的家明，与父母的矛盾日益严重。他甚至想打碎玻璃割伤自己，去流浪、去当背包客，向父母证明自己是一个独立坚强的孩子。

小钊是一个高三应届考生，辍学4个月。他把父母赶出家门，和"女朋友"同居。小钊的父母坚持认为，之前一切很好的孩子之所以变得这么叛逆，都是因为早恋。小钊几乎把所有父母禁止他做的事都做了一遍，打架，辍学，早恋……

泽清从12岁就辍学在家，沉迷网上下军旗"赢钱"。他对外人成熟、淡定，在家里则冷漠、暴力。他父亲是事业单位职工，母亲是医务工作者，外公和外婆是名牌大学的退休教授，对叛逆的他都束手无策。

第一章
纪录片《镜子》解析

家庭教育常见误区，你中招了吗

> 孩子是家庭的一面镜子，"问题孩子"的背后往往有存在问题的家庭教育模式。我们督导小组就此组织了一场学习讨论，旨在从专业的角度去分析这些孩子及其整个家庭存在的真正问题，针对问题进行专业性探讨。

看到孩子暴躁、抓狂的画面，我们就可以判断，孩子的愤怒无处发泄。正因如此，孩子会越来越暴躁，而父母更是痛苦万分。

这样的家庭特别多，父母们求助于各种心理机构，试图找到解决问题的方法。

现在的很多心理课程都强调爱，老师在台上很投入地讲"爱是所有问题的答案""爱是一切问题的钥匙"。

但是落实到具体的生活中，用一句俗话可以概括，那就是"相爱容易相处难"。父母跟孩子相处困难，孩子发生的各种状况父母应对不了，冲突来时父母不知道怎么处理，更不用说引导和教育孩子了。当然，如果往深处说，问题的根源都在父母意识不到的地方，而不是很多人以为的那样仅仅是不够"爱"。

正因为后面将要揭示的问题十分浅显易懂，并不需要多么高深的心理学知识，所以受过训练的咨询师，囿于理论素养导致的成见，反而会对常见的事实视而不见。这也是我们咨询师容易犯的错误，就是注意力全部导向"爱""接纳"与"和解"。

若孩子不听话、倔强、对抗，甚至是暴怒的、抑郁的，即使父母心中怀有再多的爱，再多的柔情，也解决不了这些问题。因为家庭中的"盲区"从来没有真正改变过，每个家庭成员潜意识里的非理性从来没有松动过。

孩子是最容易识破虚假的，他一定会不停地试探父母的底线，只要父母没有发自内心地做出改变，孩子就一定会戳穿虚假的表象，心想：果然，你还是这样。有些孩子则在求助的过程中，慢慢将希望变成绝望，导致后来父母无论做什么，孩子也不再相信。

家明爸爸：再不要上网了，儿子，网上有很多不健康的东西会左右你的思想。有一些不良的习惯，你也要慢慢改正，不能自暴自弃，不能逃避现实，一定要勇敢地走出这个阴霾。

在父子关系存在严重问题的家庭中，这位父亲的话是非常典型的。父亲一心为孩子好，想为孩子过滤掉世界上所有不健康的东西，并且语重心长地教导，充满鼓励与期待。只是，这些话几乎不会起到什么作用。特别是对于家明这个年纪的大男孩来说，他对网络的了解可能超过他的父亲。固然家明可能有所谓"网瘾"的问题，可是造成网瘾的根本原因是什么？仅仅劝他不要上网就能解决问题吗？

而且，让这个年代的孩子不上网，怎么可能？

所以，从一开始，父母就走入了错误的路径。从上面这段话可以看出，这位父亲对孩子完全不了解，他对孩子的教育也是机械的。

家明内心的阴霾到底是什么？他是怎么逃避现实的？他为何会自暴自弃？这位父亲其实根本不知道。

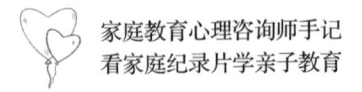

家明爸爸：家明说，我要唱歌，要画画，要做一个自由的人。我说那怎么行呢？我希望你尽快地改变思想，要不，你就要荒废一年，那怎么受得了呢？

这段话已经透露出他们父子的矛盾所在了，这里不化解，其他都无解。通过这段对话可以看到，孩子要自由，父亲立刻反驳"那怎么受得了呢？"也就是说，只要一听到孩子的这些想法，父亲就感到恐惧，认为生活要失控了。所以，父亲此时已经完全没有可能和孩子平心静气地交流。只要不碰触这个问题，就能父慈子孝，一碰这个问题就鸡飞狗跳。其实，家明的心声已经一次又一次地表达出来了，但父亲越恐惧，越试图压制、转移和消除家明的这些想法，家明反而越会强化自己的信念。

孩子为什么会叛逆呢？因为他认为自己已经长大了，或者说他想做自己。而对于这个年纪的孩子来说，什么是做自己，他们其实并不知道。正如，他想要自由，但到底什么是自由？为什么要自由？要什么样的自由？其实他自己也不清楚。但他清楚的是和父母在一起不自由，父母那样的生活不是他想要的，他不想像父母一样。所以，到了青春期，越是父母不想让孩子做的，孩子越要做。所以，父母恐惧的，正是孩子向往的。

而这位父亲根本没有胆量让孩子去冒险、去尝试，只想马上阻止孩子，让孩子按照自己设计的路线走，甚至根本无法倾听孩子的心声。所以，父子间的隔阂只会越来越深。

而这样的交流，只会让孩子觉得父母不了解自己，越来越抵触父母，甚至厌恶父母。

家明爸爸：要尽快改变思想……

看到这句话的时候，我真的想问这位爸爸："你改变得了儿子的思想吗？"父亲和孩子的沟通不仅无效，反而让儿子到了不愿意理父亲的地步，而父亲却还在试图改变儿子的思想，顽固地继续采用这种无效的沟通方式，不去检视自己到底错在哪里。这正是问题的症结所在。

家明爸爸：网络对他（家明）的消极影响也是有的，他上那个什么背包客（网站）……

他将儿子叛逆的原因归结为网络，归结为背包客网站对儿子的影响，所以一直想要断掉网络。这就是把自己对孩子的教育失败归罪于网络的典型代表。好像只要把网络断掉，他的儿子就会变回青春期之前乖巧的模样。

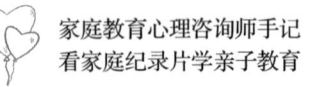

实际上，这位爸爸并没有认真思考孩子的诉求是什么，孩子为什么会有像网站上的网友一样做背包客的想法；而是想当然地认为，孩子有这些想法就是错的，致使孩子产生这些想法的网站就是罪恶之源。对于这位爸爸来说，这些想法就是洪水猛兽，因为任何会让家明不好好读书的想法，都是这位爸爸排斥和不能接受的。

很多父母其实从来没有准备好接受孩子会长大这件事，他们没有想过，孩子是要进入青春期的，孩子是会叛逆的，孩子是会反抗父母的，孩子是要和父母不一样的。

所以，一旦孩子进入青春期，出现逆反情绪，这些父母就会认为，肯定是谁引导我的孩子变坏了。可是，青春期之前的"乖"，和青春期之后的"不乖"，其实都属于同一个孩子。只是孩子进入青春期后，想和父母平等交流，想要父母尊重他的想法，想要发出不一样的声音，而这原本就是人成长必经的过程。

一个没有青春期，没有叛逆期的孩子，才是可怕的。一个人如果连自己的声音都没有，那才是可悲的。当然，父母与孩子冲突最大的根源往往也在这里——父母不懂孩子。特别是像家明爸爸这样的父母，往往不知道什么是"自己的声音"，因为他们成长的经历太艰辛了，生存对他们来说都是不容易的。如今好不容易通过奋斗过上好的生活，自然希望孩子过上更好的生活。但正是此前的奋斗经历，导致他们无意识中形成这样的一条逻辑链：生活是艰辛的—要过好就得这么奋斗—这么奋斗完就会有好生活。这条逻辑链在他们的认知里如此顽固，不容置疑。

所以，家明的叛逆、家明想要自由的想法，在父亲看来是不可思议的。因为爸爸会想：如果当年有人给我这么好的条件，我早就……而你竟然不珍惜？

实际上，这些父母不知道，如今的孩子生活在一个和他们当年完全不同的年代。这代孩子是在物质充足的环境里长大的，他们不会再为了生存而去做什么；相反，这一代孩子会思考：我要什么？我要去哪里？我生存的意义是什么？我活着是为了什么？等等。父母们可能一辈子都没有思考过的问题，却是这些孩子必然会思考的。因为父母拼搏一生获得的成就，其实只是孩子的起点。而父母却还试图让孩子走自己走过的路，这难道不意味着历史的倒退吗？

教育机构人员进入"问题孩子"家明的卧室后，发生了这样一段对话。

家明：他们出来见我！

教育机构人员：冷静，你言语上不冷静，他们就要出来控制你。

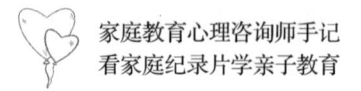

家明：控制我会怎样呢？

其实这个场景，已经把他们家的问题暴露无疑了。儿子狂怒，父母无力——只能躲在门外抹眼泪，而外来者要把儿子带走。

在这个家里，父母的权威荡然无存，父母怕孩子，对孩子无可奈何。看起来好像是儿子狂怒和脾气暴躁的问题，可是，为何孩子的脾气会暴躁？为何孩子会狂怒？为何孩子会对父母发泄愤怒？

在这部纪录片里，几乎所有的男孩子都明显呈现出这个问题。若父母在孩子心中没有任何权威，孩子对父母没有任何敬畏，那么孩子怎么可能会尊重父母，听父母的话？所以，这个时候谈管教、谈爱和自由，都是无意义的，因为远远没到时候。

这是现在很多孩子休学、辍学的家庭的悲哀。

父母成为畏畏缩缩的"奴婢"，而孩子是趾高气昂的"暴君"。所以，父母只能求助于"强而有力"的"拯救者"来把自己的孩子"制服"。而父母的无力、父母的畏缩，在本质上并没有改变。

我接待过一个28岁的年轻人，他在家里也是"霸王"一个，啃老的同时还威胁父母。而这个年轻人曾经当过两年兵,服役期间没有任何异样行为。所以家人搞不懂,为什么好好的孩子一回到家就变成"废物"了。其实根本原因就是,父母非常畏惧这个孩子,所以他自然一回家就"变身"。

这类家庭的悲剧就在于此。孩子呱呱坠地的时候,分明是一个脆弱、柔软、无助的小肉团,此时孩子的心灵就像一张白纸。身为父母,到底是如何把自己的孩子慢慢培养成一只"小怪兽"的?身为父母,是如何把一个无助、柔弱、可爱,甚至听话的孩子,培养成狂怒、暴躁、癫狂,甚至让人害怕的年轻人的?自己亲手培养出来的"小怪兽",在那里嗷嗷地要吃掉自己,自己还得瑟瑟发抖地请求外人来制服这只"小怪兽"。于是,这个世界就诞生了很多专门制服"小怪兽"的"骑士"。就像传说里的结局一样,侠义的"骑士"成就了美名,善良的"农夫"被拯救了,喷火的"小怪兽"被制服了。这一幕在很多家庭里上演着,却少有人去思考过,为何善良的"农夫"会养出喷火的"小怪兽",或者,为何善良的"农夫"会生出喷火的"小怪兽"。

对付暴怒的孩子,求助"骑士"以暴制暴通常是个有效的方法,但不是个好方法。

因为被"骑士"暂时制服的"小怪兽"终究要回家,既然父母能把孩子培养成喷火的"小怪兽",那谁能保证这个"小怪兽"回家后不会继续"变身"?如若父母不检讨自己

011

是如何把孩子培养成"小怪兽"的，如若父母没有学会与孩子内心的"小怪兽"相处，甚至真正制服孩子心中的"小怪兽"，那么这个家庭就不会真正走出困境。

现在很流行用军事化管理的方法来调整问题孩子，但是通过军事化管理能不能改变孩子内在的品格，我们持保留态度。只有结合思想教育，而且必须是长期的、有意识的思想改造，孩子才有可能真正从本质上改变。

小钊爸爸（国企职工）：我和妻子现在在门店里住，孩子在家里住。他把那个保险锁上，我们想进都进不去。

在这个家庭里父母权威丧失殆尽，特别是这位父亲，在家里没有地位，没有话语权，也不敢主导。这位父亲可能工作上很有能力，但在家里是无力的。这个家庭中的序位已经完全错乱，孩子这么小就敢把父母赶出去，那以后再大一点呢？等到孩子成年，父母又老了，那时父母悲惨的命运才真正开始。很多父母只看眼前，如果能想得长远一些，早就该警觉了。

这对父母的遭遇可谓相当可怜，但更可惜的是这个孩子——从小就这样对待父母，那么他长大后在社会上能和谁相处？这不是我故意夸大其词：如果一个人从小对父母没有尊

第一章
纪录片《镜子》解析

重,体验到的都是父母的无力,甚至在骨子里看不起父母,那么就注定他将来走入社会后,也无法和权威者友好相处。当权威者压制他的时候,他会妥协、退让、委屈和恐惧。可一旦权威者重视他、欣赏他,他则会骄傲、无礼,甚至看不起权威者。

大家不要认为这个权威者是很遥远的对象,其实老师、上司、领导等,都是父母权威的外延。当一个人把自己的父母打倒的时候,其实就是他真正不幸生活的开始。因为他心中会失去主心骨,不知道自己该以何为依靠,更不用说该以何为傲了。于他,从此没有自尊,只有自私了。因为他打倒了父母,所以会误以为自己很厉害。当一个人以为自己很厉害,看不上周围的人的时候,其实已经没有成长的空间了。或许他很有天赋,很有才华,但他也只能凭借自己的才华,在社会上博一时的眼球罢了,却无法进入团体,与他人合作。所以,父母被打倒,不仅是父母的不幸,更是孩子莫大的悲哀。

心理机构真正该干预的是这对父母,重建父母在孩子心中的尊严与权威,如此才是真正帮助这个孩子,真正为孩子的未来着想。当然,其孩子正休学(辍学)的父母,实际上对父母的尊严与权威恰恰是无感的,所以,他们几乎不可能知道自己需要重建父母权威。他们会自然而然地认为,是孩子不去上学,是孩子趴窝使他们痛苦。

这种父母往往没有能力看到在更久远的未来，什么对孩子才是重要的。当然也正因为父母没有能力看得久远，所以，他们在培养孩子的过程中才会是短视的。而短视的父母必然培养出问题孩子。所以，身为从事家庭教育的老师，实际上最应该协助父母解决这个根本性问题。

正如病人告诉医生"我身上疼"，医生不能直接开止疼药，而是要查找病灶，对症下药。

我一直告诉大家，我们身为心理师，不要去扮演"拯救者"的角色。因为想要拯救对方，实际上是把对方视为"弱者"，而被拯救得越多，他的能力就会越弱。心理师应该做的就是，做给这些父母看，然后教他们做，最终督促他们做到父母该有的样子。只有这样，他们的内生性力量才会出来，才能真正解决家里的问题。

再说，自己的孩子就要自己管。不能自己把孩子管坏了，再寄希望于别人帮忙把孩子教好。

如果心理师介入过多，不就相当于在告诉那些父母不用为自己的行为负责吗？不就是在助长这个社会不负责任的风气吗？而心理学的宗旨是，每个人都得为自己的生命负责，在哪里摔倒就从哪里爬起来。我们只能指明自我解救的路径，至于要不要自我解救，那就要看他们自己的意愿了。

和家明相似，小钊的家庭中也存在父母权威不够的问题。

第一章
纪录片《镜子》解析

我们来看小钊对父母说的话："你行啊！你们真行啊！那是人待的地方吗？"

这孩子潜在的语言是什么？是"你真行啊，你们有能耐了，找人把我送到那个学校去"，这和"你翅膀硬了，你胆肥了，你能找人来对付我了"是不是有相似的感觉？

所以，这个孩子对父母没有半分敬畏之心，孩子是强势的，父母反而是弱者，这就是这个家庭当下要解决的问题。因为弱者凭什么去管教强者？弱者只能围绕强者转，强者想怎么样就怎么样（即便这个强者是伪强者）。

小钊父母：你好好的，你怎么就不好好的啊？

从小钊父母的这句话里，大家是不是可以听出深深的无力感？

小钊：你想把我送到那儿，我就磕死在这里，我再也不认你们了。

小钊能下意识地威胁父母，就代表这样的威胁是这个家庭里的常态，而父母畏惧孩子也是常态。所以这对父母该多么

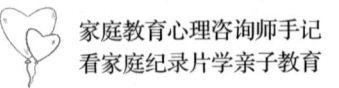

怕孩子不认他们！而如果不解决这个问题，还谈什么关心？谈什么表达？谈什么爱？谈什么理解？

小钊爸爸：生活方面，上学方面，各方面都挺好的，自从我们发现他搞对象之后，我们之间的距离唰地一下子就拉开了。

父母以为孩子叛逆是因为"搞对象"，但孩子为什么要交女朋友？因为父母根本不理解他，他需要一个能说心里话的人。如果认为孩子交了女朋友就会和父母拉开距离，那孩子以后还要不要结婚生子呢？显然，这是一个伪命题。

而另一位叫泽清的14岁少年，得知有媒体跟踪拍摄本期训练营，才答应父母过来看看。

这个孩子是想改变的，想改变自己，也想改变这个家庭。

泽清的妈妈是单位骨干，出国进修过好几次，外公和外婆都是大学退休教授。

高级知识分子家庭在休学家庭中占比很大，这是一个很有意思的现象。

视频中，泽清妈妈认为自己很"贱"。孩子上网下军棋，她送吃送喝；孩子打她，拿凳子砸她，拽她头发，爸爸在一边躺着，看着不动，也不制止。

第一章
纪录片《镜子》解析

这个家庭的问题已经呈现出来了，就是夫妻关系十分淡漠，即使孩子打妈妈，爸爸都不过来制止。而妈妈却一点都不自知，更不懂自制，只是把精力全放在孩子身上，把所谓的爱都给了孩子，即使孩子已经非常嫌弃了。那泽清为何可以为所欲为呢？因为爸爸的默许。

妈妈当然也有很大的问题，她对自尊是无感的，对待孩子的方式更是非理性的、无节制的。

以下是心理机构老师和泽清的一段对话。

心理机构老师：听妈妈说，你是看在中央电视台跟拍的份上，才愿意参加这一期的训练营。你是怎么想的，怎么看的？

泽清：这种采访还是比较好的吧！

心理机构老师：你认为有中央电视台采访比较好，是怎么好呢？

泽清（停顿20秒）：有存在感吧！

在某种程度上，泽清希望中央电视台跟拍，可能是想把父母的问题暴露出来，把他在家里遭遇的"精神折磨"呈现给全国观众，看看有没有人能懂他们家的问题，把他们家从问题的泥潭中解救出来。

而从夫妻关系的角度来看，泽清父母关系不睦，分别对着镜头讲对彼此的怨言。

泽清的爸爸说妻子：她经常这样子，搞到11点钟才回家。明天去武汉了，她应该回来收拾一下东西了吧！不要每次都这样吧！我都能想象明天赶火车的样子。

泽清的妈妈说丈夫：他就是希望我回来做个饭，做个贤妻良母。我觉得他的要求——开个玩笑话，其实他就想找个村姑……

这一段话把这对夫妻间的问题很清楚地暴露出来了。泽清妈妈是大学教授的女儿，她对自己的出身有一种优越感。我们不知道泽清爸爸的出身是怎样的，为什么泽清妈妈要用"村姑"这两个字来形容泽清爸爸的择偶倾向。如果泽清爸爸刚好是农村出身，这个问题的答案可能就很明显了。

当然，问题的根源并不在这里，只是泽清妈妈会用自己出身的优越感来掩饰自己对丈夫的无力感、对丈夫的需求，甚至掩饰自己的恐惧。由此也可以想见她在生活中一定有很多抱怨。而这个抱怨的方式又总是伤害丈夫的自尊，最后丈夫只能选择沉默与冷漠。所以，每一次被泽清妈妈的语言攻击，爸爸都选择把愤怒吞进肚子里。所以孩子打妈妈的时候，爸爸才会无动于衷。

第一章
纪录片《镜子》解析

很明显,多年来,夫妻俩都不能满足对方的期待,甚至完全不想去满足对方的期待,这样的婚姻其实已经岌岌可危了。对于妈妈而言,只有拯救儿子,才是她纡尊降贵与丈夫站在一起的理由。但是,夫妻之间都没有感情了,还谈什么教育子女?

小学时的泽清曾在日记中写下一句话:"隐忍才是王道。"一名小学生写出这样的句子,其实是对家庭绝望了,对父母绝望了,觉得父母一无是处。但是,他又摆脱不了父母,必须依靠父母,所以认为"隐忍才是王道"。但是,父母

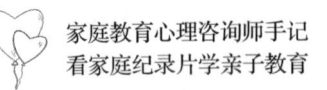

却认为这是"奇谈,好难理解,孩子怎么这样",反而觉得自己很辛苦。

像泽清这样的孩子,本质上都是非常孤单的,也是"留守儿童"——父母在身边却没有享受到父母关爱的儿童。

泽清:没有这家长课堂,我肯定不会来,我觉得家长课堂实际上比我们学生要重要。我觉得需要待81天的是他们,但实际上,是我来待81天,我觉得我为他们付出挺多的。

泽清在某种程度上知道自己家庭的问题是什么,所以他觉得"我在为你们付出,我为了让你们上这6天课,而付出了81天",这是真正的心声。

小结

本纪录片从一开始,就呈现出了求助家庭存在的普遍问题:孩子抓狂、暴躁、愤怒,父母可怜、痛苦又无辜,整个家庭处于无路可走的状态。于是他们开始求助家庭教育机构。从心理学专业的角度看,很多父母甚至心理机构在教育孩子时走入了误区。

1.盲目追求爱与接纳的误区

由于信奉"爱是一切问题的答案",所以追求"爱、拥抱、哭泣、接纳、和解"等效果，并视此为圆满结局，实质上却掉入了"童话思维"的陷阱。父母以为孩子和父母在一些机构活动中哭了，"接纳"了彼此，矛盾就解决了，但生活最磨人的是每一天的朝夕相处、每一天无意识的日常交流互动，而感动过后，离开了机构，回家后的一地鸡毛该怎么解决？

解决思路：要协助每个家庭找到自己的"盲区"，父母要穿越自己的非理性迷雾，看到真正的问题所在。

以家明为例说明，概括如下。

呈现的问题：孩子上网，想做背包客，想要自由。父亲对此感到恐惧，试图通过讲道理，让孩子"转变思想"。父亲的内在逻辑：

（1）生活是艰辛的——年代背景。

（2）要过好生活就要努力奋斗——个体认知。

（3）奋斗就会有好生活——成功经验。

而家明生活在和父亲完全不一样的年代，父亲为家明努力创造了物质充裕的生活，家明怎么会愿意复制父亲的生命经历，为生存而努力奋斗？家明渴望活出自己，渴望自由，渴望探寻生活的意义。这些问题，父亲从未体验过，甚至从未思考过，又如何能理解？父亲不理解，所以恐慌；因为恐慌，所以想控制；因为控制，所以家明想"叛逆"和"自由"，则进一步激发了父亲的恐慌。家庭关系因此陷入恶性循环。

父母需要思考：

（1）孩子为何叛逆？

（2）孩子是如何开始做自己的？

（3）父母为何听不懂孩子的心声？

2.扮演拯救者角色的误区

作为心理师，既然知道"孩子的问题，背后是父母的问题"，就不要扮演"拯救者"的角色，替父母管教孩子——这只是在迎合父母的焦虑。如果心理师代替父母管教孩子，虽然表面上父母与子女关系得到缓和，可实际上父母依然无力、恐慌、畏惧，依然不懂孩子。那么孩子回到家之后，曾经的问题必然会重演。

解决思路：心理师不做拯救者，而是教父母自我解救之道，并协助父母做到。

父母需要思考：孩子是如何从一个柔弱、无助、可爱甚至听话的孩子，变为一个狂躁、愤怒和暴躁的孩子的？父母的责任何在？

3.思维格式化误区

有些父母由于思维格式化，对一些问题视而不见，小钊家、泽清家皆是如此。比如，小钊家是典型的父母无力、无权威的家庭，孩子成了老子，家庭序位颠倒。处于弱势的父母，如何管教处于强势的孩子？此问题不解决，谈爱、理解和接纳，都是毫无意义的。

解决思路：协助父母重建在孩子心目中的尊严和权威。

父母需要思考：自己为什么对自尊无感，对父母权威无感，对家庭序位无感？

以上误区会导致这些孩子及其整个家庭一次次从信任到失望，次数多了，就不再信任、不再求助，但问题依然没有解决，父母依然无助。

心理师应协助父母：帮他们了解孩子何以成为今天的模样，父母的责任何在，家庭的"盲区"在哪里，父母的"非理性"该如何破解；进而协助父母找到"自我解救"的路径，这才是解决问题的根本之道。

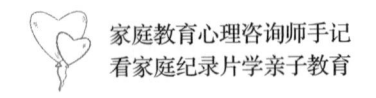

读不懂孩子，根本原因在这里

> 本节将细致剖析纪录片中呈现的两个案例，主人公分别是小厦和家明。这两个案例各具特色，我们的解读也都跳出了常规心理学和家庭教育的视角。尤其借助家明家的"盲区"，着重讲了父母听不懂孩子的心声、读不懂孩子行为背后的根本原因是什么，该如何破解。

参加课程前，家明父母在家里讨论。

家明妈妈：他们说，假如他爸爸不去参加这个家长学堂，小孩的状况还会严重，我觉得他们说话太夸张了。

家明爸爸：不可能的事情，我根本就不相信这个。

家长说："我根本就不相信这个。"也就是说，家长认为，只要将孩子送到教育机构就好，自己是不需要学习的，更不需要改变。

即使被他人说服找到心理师，也很难接受心理师的帮助。家长只有首先放下成见，通过学习转变观念，才能快速地与心理师形成合力，这样才是真正高效协作，共同解决孩子和家庭的问题。

一、小厦

小厦是139期训练营里比较特殊的一个营员，一是他已经25岁了，却不肯出去工作，每天只是在家里上网；二是他们家很穷，连小厦参加训练营的费用都是小厦爸爸借来的。

一个25岁的成年人，还让他爸爸妈妈来上家庭教育的课程，并且告诉父母"孩子的问题都是父母的问题"，这对小厦的父母来说太残忍了。小厦的父母维持家庭生活尚且不易，更何况借钱来机构求助，这已经体现了对孩子的爱。

虽然"孩子的问题都是父母的问题"几乎是一条无比正确的道理，可是再正确的道理，也得结合每个家庭的实际情况来看，这是每一名专业的心理师都应该思考的。

"孩子的问题都是父母的问题"，这句话可以理解为对父母的谴责，以致引发父母的内疚与自责。很多父母学习了"家庭教育"之后，开始回想自己对孩子的不当行为，从此之后，对孩子什么也不敢说，什么也不敢问，更不用说管教了。

而这句话同样可以成为孩子休学、厌学和辍学的借口，这样他们就不用面对自己的"退行"和"逃避"了。他们会认为：我的问题都是父母的问题，我才是受害者；父母不该把我养成这样，父母要去改变；我已经被养残了，我什么也改变不了；我就是个废物，所以父母要负责养我一辈子。

所以对于小厦这个家庭，要竭尽全力地避免他们一家掉进求助的陷阱里。

首先，要避免小厦将自己视为受害者。其次，不要过多地引发小厦父母的内疚与自责。

小厦的问题是这些孩子中最严重的。因为小厦不仅有心理问题，还有思想认识的问题，也就是俗称的"三观"问题。如果要改变，这些都需要综合考虑。

更棘手的是，小厦父母的文化程度不高，这意味着他们很难学习微观心理学的内容，甚至很难听懂老师讲课的内容，更难理解父母与孩子在心理、行为层面密切又复杂的逻辑关系。而只有学会这些东西，父母才可以有效改变自己的孩子。

不仅如此，小厦父母收入低，这意味着他们没有太多时间去陪伴、观察孩子，更没有太多时间和孩子斗智斗勇。

所以，对于他们家的协助方式，只能立足这个客观事实去考察。

对于这种离开学校多年，甚至工作过的成人型"孩子"，也就是啃老型的成人，干预难度是非常大的，因为他的性格、行为、习惯已经完全定型了。

这与成年人的心理咨询有本质的区别，成年人心理咨询的前提是，有独立生活的能力，能养活自己，具有相对完整的社会能力和相对成熟的心智。成年人的心理咨询，通常只需要对其原有的心理基调进行微调。而对于小厦，是需要"动大手术"的。

但是根据小厦家的现状，只能用短平快的方式来处理，也就是不谈小厦的问题是如何形成的，不谈原生家庭，不谈小厦的心理问题。因为一谈心理问题，他保证会成为一摊烂泥，扶都扶不上墙。这一类型的个案，我们称为"心灵乞丐"。

所以要跟小厦谈现实，谈他们家的现状，对他无法工作的问题，一点点掰过来，慢慢教。

027

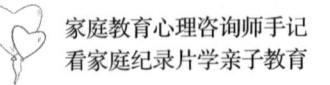

小厦爸爸：我是农村的，我又是在孩子那么小的时候离开了他们，（我的孩子）就是你们谈到的留守儿童状态。那我是没有办法啊！像他们（别的父母）都是有工作单位的，有技术的，有职称的，他们家庭教育模式应该是很好的，比起我们来那简直是不可想象。我要是有他们那样一种地位，我也能做到（不让孩子留守）。为什么他们的孩子也成了这个样子？

这段话很有控诉意味。事实的确如此，很多孩子虽然在父母身边，却依然像个留守儿童，心灵是干枯的，没办法和父母进行有效沟通。问题的根源在哪里？不是在于有钱没钱，有地位没地位。

二、家明

以下是心理教育机构老师和家明爸爸的一段对话。

老师：你刚才写的理想都是你自己的理想。你过得累不累啊？

家明爸爸：很累谈不上，加一句话，"比较充实"，呵呵！

老师：你的这个"充实"，是因为你习惯了一直在拉磨，停不下来，（像）一头驴啊……

家明爸爸：我大学之前，没有喝过一杯牛奶，不知道牛

第一章
纪录片《镜子》解析

奶是什么,也没有穿过一双皮鞋。可能经济条件也不是很好吧,日子过得有点苦。但是我在心里一直鼓励自己"日子会好的,好日子会有的"。只要自己努力,一定会改变自己的现状!

我想对家明爸爸说:你以前确实很苦,一双皮鞋都没有,而你也因为自己生活艰苦,所以拼命读书、求上进,一点其他的想法都不敢有。正因为这样,所以你创造了今天的生活。你这么做确实是对的,也成功了。你过去的生活太苦了,而你也过够了苦日子,很怕家明掉入那种生活处境,这些我都能理解。但是,你的儿子家明,他能理解你的这种感受吗?他能感受到你的这种苦吗?他能感受到你没有牛奶喝的日子吗?我想他肯定是不能的。当他不能感受到你的不容易,无从理解你的苦的时候,你们之间如何就这些立场进行沟通呢?更重要的是,你希望他如你一般思考,如你一般心无旁骛地努力,不去胡思乱想。那么请问,他没有与你相似的生命经历与痛苦体验,使他做到和你一样努力呢?

如果我这么说,相信应该能引发家明爸爸的一些思考。

我们从纪录片中可以得知,家明想要的就是自由,就是唱歌,就是去做背包客。简单来说,家明非常想去冒险。那么,现在可以推断出家明为何想去冒险了,因为家明虽然衣食无忧，但是被父母包办太多，所以家明非常缺乏独立自主的体验，而这对一个人的成长是非常重要的。所以，很多小时候被过度溺爱的孩子到了青春期之后，突然偏离正轨，就是因为想要体验不一样的生活，想要发出自己的声音。

但是，对于为了生活疲于奔命的父母来说，这些想法他们无法理解，甚至视之为洪水猛兽。所以，家明的父亲理解不了儿子的这些奇思怪想，更不懂如何应对。

如果我是家明的父亲，我会选择放手，让家明好好地去做背包客，痛痛快快地玩，并且告诉他：你既然要去冒险，就去尝试个够。而我不会给你一分钱，你必须为自己的背包客生活做好准备，可以先去打工，攒够路费、生活费。至于你要去哪里，我都同意；你要多久时间，咱们约定好，一年、两年都可以。体验完背包客的生活，你就回来好好读书。

而且，我也可以明确地告诉孩子：我让你读书，并非是认为读书是唯一的出路，而是我认为，在你这个年龄，最应该做的事情，是充实自己的头脑，充实自己的心灵，而不是过早地进入成年人的世界。

如果家明的父亲能做到这样，就算家明真的玩两年也没有关系，他玩够了，体验够了，怎么可能还会想做背包客？他会发现，父亲现在提供给他的条件，就是最难得的；而且他还会发现，读书其实才是最容易走的一条路。有了这样的自主意愿,他的人生才能走得稳、走得踏实。

当然,家明的父亲显然不能,也不敢这样放手。因为他恐惧,他执着。所以,家明爸爸的恐惧才是问题的根源,不消除这个恐惧,家明叛逆和不爱读书的问题就无法解决。因为家明永远会感觉,父亲试图控制他,父亲总是在取笑他的梦想,鄙视他的勇气。所以,家明必然出现的行为就是:你要我做什么,我就不做什么;而你怕什么,我就偏要做什么。

家明爸爸:他要做一个流浪歌手,要做一个背包客到四川去。你同意吗?家长们,你们说一说,你们的想法是怎么样的?对于一个16岁的孩子……大家认可吗?

很多家长的观念和家明爸爸一样,对孩子充满焦虑与担心,让孩子做自己显然是不可能的。

咨询师:家明想要做一个画家,一个流浪歌手,一个背包客,(这种想法)是你给的。我很确定地告诉你,是你给的。

听到这句话,家明的爸爸哭笑不得,心里一定在想:这老师怎么回事?我最讨厌孩子这样,我还给他这个?

其实这位咨询师说得对,但他没有将其中的逻辑关系讲清楚。

事实上，大部分咨询师都很难将其中的逻辑关系讲清楚，因为这需要非常丰富的一线实践经验；需要完整地了解家长的执念是怎么产生的，这个执念会让他们做出哪些不受控的行为，进而由家长的思想动态、意识形态，明白家长会如何与孩子互动，如何忽略孩子的诉求，最后推断出这个孩子会如何与家长对抗，以及采取哪种措施才能改变目前的状况。只要搞清楚整件事情的逻辑链，即家明爸爸的执念与家明的执念之间的因果关联，就能够知道怎样解决他们家的问题了。

其实咨询师可以这样说："家明为什么想去做流浪歌手？是因为你把他限定死了，你害怕他偏离轨道，偏离你认为正确的、光明的道路，所以你不给他自主选择的机会。因此你给他再好的条件、再好的东西，他都不想要。他进入叛逆期后，一定会和你反着来，一定会选择一条你最不希望他走的路。这也是他远离你的方式。因为他正值青春期，也叫叛逆期。叛逆期的孩子，最迫切的就是想发出自己的声音。"结合我上文对家明爸爸人生经历的分析，就可以说得他心服口服了。

家明：他们从来没给我独自做主的机会，说话像逗小孩

第一章
纪录片《镜子》解析

子一样。我只想告诉他们,我从来都不怕痛,我本来就是一个坚强的人。我想让他们看到我可以,所以我就一直想出去,我想让自己变得坚强,想让自己遇到困难……他们一直说我就是在他们(眼皮)底下长大的,你说我怎么不想出去?都按他们的来,我永远都没有自己的想法,那又有什么用?什么都要他们同意……

对于家明的爸爸,可以给他放一部电影《荒野生存》。影片讲的是一个男孩到处流浪,不肯回家,最后死在路上的故事。男孩的家庭属于中产阶级,他在大学毕业后,认为已经完成了父母的心愿,于是一把火烧掉自己曾经获得的所有证书,出去流浪。家明此时的心态与此非常相似。

从家明父母的"控诉"中就可以看出家明渴望离开家,去做流浪歌手的心理背景。一是父母说话从来不算数,二是父母对他严格控制、不尊重他的想法。这是青春期孩子最憎恨的。

其实,从这些对话中恰恰可以看出家明的父母并没有独立的思想。因为真正有独立思想、独立人格的人,能听懂孩子的心声,至少看到孩子泪流满面能感同身受并为之触动,能知道什么是真正的尊重。显然,家明的爸爸对这些都没有感觉。从家明爸爸后面的表现就可以看出,他面对家明的心声是不知所措的。也就是，看着自己的孩子痛苦万分，却完全无法理解——因为不知所以，所以不知所措。而这就是他们家的问题症结所在。

只要父母对家明的需求无感，家明就会一直反抗下去。未来父亲阻止不了他的时候，他就会去反抗各种社会规则、社会秩序；直到他失去反抗的动力，那时候就会选择得过且过。

我们可以理解家明爸爸为何听不懂孩子的心声，因为他这代人从小生活艰辛，为了牛奶与面包都得付出非凡的努力。一个人一直在为生存而拼搏，哪有精力去倾听自己内心的声音，去感受自己内心的需求？心理诉求其实是很奢侈的，在满足温饱之余才可能产生。而家明的爸爸从来没有机会去叛逆，更没有机会选择自己真正喜欢的生活，因为这些都是物质丰富后的精神诉求。

虽然现在家明爸爸在物质上已经得到满足，但是他过去的生命体验，已经将他的潜意识牢牢地禁锢在缺乏物质、缺乏资源的恐慌之中。他根本无从逃脱这个恐慌，那他怎么可能理解从小衣食无忧的家明最大的烦恼竟然是"想要做自己"？于是，这两代人的冲突便以家明的叛逆（休学）的形式呈现出来。

时代进步得太快了，快到家明的爸爸来不及思考如何让孩子在富裕的生活中传承家族的奋斗精神。

有些代沟是无法跨越的，但我们可以让自己的同理心更强一些，如此才能实现有效沟通。所以我在带督导小组的过程中会不断协助成员们感受复苏，因为只有不麻木，家庭成员才不会各自成为孤岛。

尽管家明爸爸四处学习，认真执行老师的建议，还花费大量的时间陪家明看电影、出去玩，甚至允许家明在自己的城市里做背包客——这已经是他所能做到的极限了，身为父亲，他在努力地适应家明；但是，他对儿子的痛苦依然无法感同身受，无法理解，不知所措。只要无法理解，那么他的所作所为都是勉为其难，都做不到真正的放心，做不到真正的支持与包容，在家明看来都是惺惺作态——而这些正是家明所痛恨的。

父子俩若无法打通这个隔膜，那么家明就一定不愿意做父亲最希望他做的事——上学。

心理咨询师：孩子是家庭的一面镜子，我们怎么从孩子身上，看到我们这个家庭（的问题），看到我们父母（的问题）？

孩子是一面镜子，这句话没错，但孩子那面镜子反映出来的世界仍然是失真的，因为仅从孩子的角度去看问题，也是

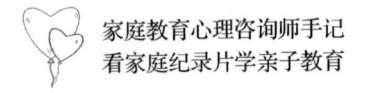

不完整的。

所以，心理咨询师要跳出双方的立场，既不能只听孩子的一面之词，也不能只听父母的一面之词，要处在一个相对中立的位置去看待所有的问题。

小结

本节重点围绕小厦和家明这两个案例，讲解家庭教育中和心理师工作中容易进入的误区，以及父母需要了解的重要观念。

1.小厦案例

案例的特殊性：

（1）孩子25岁，已成年——父母对其影响力很小。

（2）家庭贫困——不足以负担学习费用。

（3）家人文化程度都很低——很难系统地理解家庭教育理念。

以上三方面决定了不可能用常规心理咨询和家庭教育的思路来调整这个家庭。

心理师需要避免的误区：

（1）一味强调"孩子的问题都是父母的问题"。

（2）有意或无意地引导小厦成为一个受害者。

（3）过多引发小厦父母的内疚和自责。

可行的方案：

避开过多的心理分析，以短平快的方式，立足于他们家的客观现实，协助小厦投入工作。

2.家明案例

解决问题的方式：

（1）同理父亲的辛苦——不引发对抗。

（2）让父亲看到儿子的生命经历和自己的不同，同时，抛出疑问，引发思考——协助父亲看到自己的执念。

（3）剖析儿子的心理，给出解决方案——父亲会看到自己的恐惧。

（4）剖析儿子的执念和父亲的执念（恐惧）之间的因果关联——解决问题的关键。

（5）协助父亲听懂儿子的心声。

（6）协助父亲感受复苏，唤醒认知，破除恐惧。

心理师容易走入的误区：

（1）试图用说服的方式让父母转变观念——注定无效，还容易引起对抗。

（2）知道孩子的问题和父母有关，但对逻辑链分析不清。

（3）亲子沟通不畅时，教父母一些表层的沟通方法和技巧——必须协助父母真正地感同身受，听懂孩子内心的声音，才是根本之道。

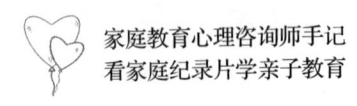

父母需要思考：

生活在不同种时代背景下的两代人，生命经历完全不同，此时家庭教育该如何做？

第一章
纪录片《镜子》解析

爱不是目的，成长才是目的

> 我一直认为，立足点在哪里，成长就在哪里。意思是说，家长对孩子的教育，不应该立足于"我"多"爱"他，而应该立足于促其成长。
>
> 本纪录片中的家长都很"爱"孩子，但就算有足够的"爱"，还是产生了很多问题。

小钊爸爸写给小钊的信：我觉得你现在搞对象有点早，

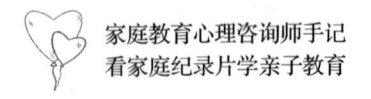

你是不是应该回到同龄人该做的事情上来？

　　小钊：我看了他写的信，我差点就彻底绝望了。他们（小钊父母）还是那种情况，只不过他们两个关系变得好了一点。

　　通过小钊的回应可以看出，他的内心是绝望的，知道爸爸没有一点改变。

　　如果由我来处理这个个案，我会让他们父子俩面对面对话，同步录音，之后我一句话一句话地帮他们调整，全部调整到位。小钊爸爸从来没有学过如何与孩子沟通，他真的不会，一定要手把手地教。甚至我们要如何做一个妻子，如何做一个丈夫以及如何养育一个孩子，很多时候是真的不会。因为我们的父母也不会，所以也没有教会我们该怎么做。倘若没有通过后天的学习补上这一课，那么就只能用自己在这个社会上打磨出来的生存本能与孩子相处了。

　　家明的父母去接家明回家时，父亲抱住家明说："我想死你了。"这是父亲的真情流露，但光这样是没有用的，或者说是远远不够的。

　　父亲必须经由这些感动向内检视自己，必须经由这些感受上的复苏，唤醒自己更深层的记忆，从而让自己的心变得更柔软，更深层次地了解自己、了解儿子，直至让自己的潜意识

第一章
纪录片《镜子》解析

都发生改变。

如若不然，感动完，行为模式照旧，最后这份感动也会被儿子不屑。若是感动无法触及心灵深处，感动过后只会是机械地让步，潜意识并没有发生实质性的改变，那么一切都是枉然。

家明：他（爸爸）想让我在武汉当一次背包客，（他提醒我）出门要准备什么，带什么……

事实上，家明爸爸真正应该做的是彻底放手，告诉孩子："你想去哪里都可以，只需要每天给我发个定位，让我

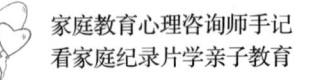

知道你在哪里。在你需要的时候，我可以找到你，其他的你随便。"

而家明爸爸现在的做法，其实仍然是在否定家明。在武汉市内，在他熟悉的城市里，在他的控制范围内，并没有给孩子真正的自由。爸爸这样做，家明永远感觉不够，所谓的自由自主只是假象。

虽然家明爸爸学习很认真，甚至在家里贴了很大一篇学习笔记，但是他的内心依然没有调整到位。如果潜意识没有改变，所有改变自然只会停留在行为表层。

所以，尽管家明爸爸努力陪伴孩子，却还是在一起看电影的时候睡着了。这也是一个常见的错误做法：孩子需要父母陪伴，但父母明明不感兴趣，为了陪伴而陪伴，一是不持久，二是没效果。因为如果父母在应付，就根本达不到父子同乐、情感交融的目的。

而现在我给儿子买每一件玩具的时候，都会回想，自己作为小男孩，会不会喜欢这件玩具。如果觉得会喜欢，就给他买。我陪他玩的时候，也会乐在其中。这样时间不知不觉就过去了，父子俩都会很过瘾。

小钊爸爸给小钊写了一封信，信的内容十分感人，但仅凭感动就让一个人从内心发生改变是很难的。所以小钊看完信说："没法交流。别看他嘴上说什么。我信他那个话啊？40多

第一章
纪录片《镜子》解析

年的脾气,说改就改啊?"

孩子很聪明的,即使是几岁的小孩,都会不停地试探父母,利用父母性格上的弱点,更何况这么大的男孩。所以父母若不修练自己,哪里应付得了自己的孩子?

问题显而易见:爸爸进来,儿子坐在那里,动都不动,而爸爸就这么走过去。孩子根本没有把爸爸当回事。

小钊爸爸：我就给你提出一个要求来，以后你对你妈，要尊重，你不能耍那个态度。

但是，此时小钊正在用"那个态度"对待爸爸。可以看出，小钊爸爸的话，在孩子心中一点分量都没有——这就是问题症结所在。

一定要记住，先树权威，再管教。若权威已经丧失殆尽，却还试图让孩子听话，就是本末倒置。一旦家庭序位颠

第一章
纪录片《镜子》解析

倒,孩子听话与否就全看他心情了,他心情好时对父母礼貌一点,一旦心情不好就谁都不放在眼里。难道我们希望对孩子的教育得到这样的结果吗?事实上,无论孩子的心情好与不好,都得尊重父母。这不是以个人情绪的好坏为转移的,这是应该牢牢树立在孩子心中的。

父母除了是孩子的榜样,还有另外一个角色,那就是权威。这里所说的权威,并非古代的"君君臣臣父父子子",而是一个有威信的长辈。遗憾的是,当代父母要么过于严厉如"暴君",要么过于溺爱如"昏君"。

目前很多家庭的家教经常会在"权威"和"慈爱"之间摇摆不定。要么过于权威、压制,让孩子的心灵几无喘息的空间;要么过于纵容、溺爱,养育出无法无天、不服管教、没有边界的孩子。这其实都没找到合适的感觉,也可以说是文化上的不自信,当然也是因为不知道该把什么传承给自己的孩子。

作为父母,我们对孩子既不能过于严厉,也不能溺爱纵容,在严厉与纵容之间需要有一种既斗争又团结的关系。

我们去观察自然界中的狮子。小狮子跟成年的母狮子、公狮子一起生活,它在成长过程中一定会不停地跟父母打闹、玩耍。

小狮子在和父母玩耍的过程中,不会真的把利爪伸出来,也不会把父母咬伤。但它有没有没控制好爪子、牙齿的时候?肯定是有的。这个时候怎么办?显然,成年狮子也不会客气,它会一巴掌扇过去或者龇牙咧嘴地警告幼崽。

就算是动物,它们也本能地懂得,要尊重父母,不能把自己的爪子、牙齿对准自己的父母。

同样的道理,父母意象的外延,其实都不是孩子的敌人,他们在事实上应该是孩子的教导者、成长的助力者,是要尊重、接纳、学习和模仿的。所以,不尊重权威,其实是个伪概念。当一个人习惯性地挑战权威、不尊重权威,那么他如何能真正地向自己的老师学习呢?如何能以老师为榜样来淬炼、锻造、修正自己呢?同样的道理,当他步入社会的时候,如何能和上司相处?在一个团体、公司内部,他如何能把团体精神、企业文化内化为自己的精神,内化为自己努力工作的动力,真正地为这个团体、公司着想呢?更不要谈家国情怀、民族大义了!也就是说,"挑战权威、不尊重权威"看起来很酷,很率性,但挑战的同时,自己也失去了担当的勇气和负责任的自觉。

小钊:我已经忍得不想再忍了,就跟你似的,你老是这么忍,你忍不了几天。

小钊爸爸:我不是忍,小钊,我并不是忍,我是理解你

第一章
纪录片《镜子》解析

妈妈！我可不是忍！

  这句话小钊爸爸无意识地重复了好几遍，其实是他自己内心都接受不了这个事实，所以要辩解，无意识中要说服自己"我不是忍"。可是这能骗得过孩子吗？所以，小钊能尊重自己的爸爸吗？

  小钊买下一只小狗：1700没了，1700没了，哈哈！1700没了，我就按了两下1700就没了！

  这个反应很真实，体现出小钊就是想花父母的钱，想变

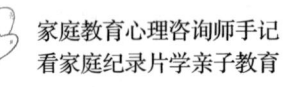

着花样来折腾父母。这其实是源于骨子里对父母的不屑，或者说是对父亲软弱的报复。

他对父母是没有心疼的，只有恨，只有对父母不满足自己、不尊重自己的恨。

一个孩子为何会对父母充满恨意？

从孩子的角度来看，特别是这些被溺爱的孩子的角度，就是因为"你没有满足我，你没有尊重我"。但是从教育心理学的角度来看，却是因为父亲没有力量，父亲不敢制止，不敢明确地摆出自己的态度。父亲是虚假的、无力的、掩饰的，所以必然导致孩子用各种方式来试探他，甚至戳穿他。

心理咨询师：小钊要了一万，他爸给了八千，确实变化很大……没有完全顺着孩子，在同意孩子的要求之后，也提出自己的要求。小钊第一次试探，他爸算是顺利过关了。

孩子完全无理的要求，父母不仅不敢拒绝，片中的心理咨询师还觉得父母能提出自己的要求就算进步了。但凭什么父母就一定得满足孩子？凭什么孩子提出来的要求，父母就得照做？这完全就是颠倒人伦了。

这个家庭的问题就是父母给予孩子太多了，父母对孩子束手无策。这就好像，强盗抢劫你的财物，你还跟他商量：

第一章
纪录片《镜子》解析

"能不能少抢点？你要一万我没有，但我可以给你八千。"这不是很荒唐吗？无理的要求，本来就不该被满足，而是该被反击的。

泽清妈妈：我内心里挺珍惜这种安宁的生活的……避免一些不好的争吵，不好的争执……

"避免一些不好的争吵"，其实只是在回避而已。如果想解决问题，最终是要面对冲突并解决冲突的。因为只有内心不怕了，问题才会全部暴露出来，才能进一步解决。

小厦爸爸：这个家是我一手建起来的，这个家不亚于我的生命。为了这个家，我可以付出我的一切……小厦的到来，就像阳光一样，温暖到我的家庭，给我很大的希望。

这位父亲其实已经尽了他所有的能力，不应该再被指责了。

心理咨询师：对爱的认知，还存在很多空白的领域，认为"控制就是爱""我是为你好"……这是一个重要的扭曲。

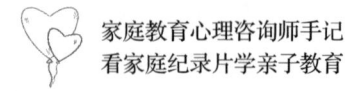

爱当然不是控制，但爱得会控制；爱也不是失控，爱得有能力驾驭，是一种合理合适的控制。正因为是自己的孩子，父母才愿意费尽心思。这是人的本性。

心理咨询师："你是我的孩子"，这也是一个扭曲的想法，我们会把人"物化"，类似于"你是我的一个物品""你是我的儿子""你是我的老公""你是我的妻子"在某种程度上，我们把儿子、老公、妻子，这些角色部分变成了"你是我的杯子""你是我的私人物品"，我们把爱物化了，这也是爱的认知的扭曲。

有的咨询师认为，强调"我的孩子"是把人给物化了。实际上，"我的"是没有问题的。孩子当然是"我"的，如果是别人的孩子，"我"不会这么担心。但是对于我的孩子，我就会打心眼里爱他，和他在一起就是很快乐。他所有的心思，我都会认真对待，因为他是我生命的延续。人活在世间，不就是我们传承于父母，然后再往下传递吗？正因为孩子是我的，所以，我要更加小心，更注意，更细腻，这才符合人性。

真正的物化是人心的麻木，而强调"我的"并没有问题。

很多咨询师认为，"孩子不是你的，你不能占有孩子，你要放手"。这会导致父母不知道该如何对待孩子,让父母不敢再做父母。

正因为孩子是我们的,也是我们民族和国家的,所以我们才有责任把孩子教育好、培养成才,使其成为有价值的人,乃至国之栋梁。

"你就是我的孩子,我就是你的父母。我有能力给你的东西,我会给你;我没有能力给你的东西,你也不要幻想,有本事以后自己去赚。"这或许比较符合中国人的价值观。不然,孩子就会生出不切实际的幻想,而这种不甘的心、欲求的心,觉得父母没有尽心尽力、觉得父母没有做到的想法,才是对孩子未来最大的伤害,这就是常说的"受害者意识"。

最后回到纪录片《镜子》的主题,从父母的角度来说:

一方面,孩子确实是父母的一面镜子,父母确实可以通过孩子照见自己身上的盲区和问题。那是因为父母想改变自己,想让自己变得更好。

但另一方面,镜子是什么?镜子总在照见别人的问题,总在关注别人的世界。如果孩子认为"我是一面镜子",那么这个孩子未来会出现很大问题。因为一旦孩子这样自我认知,未来会有动力改变自己、奋发图强吗?他会认为:既然我的问题都是父母造成的,那么父母改变就好了,我还改变什么?反正我也改变不了,因为我只是父母的镜子,我只能照见父母。

有些道理，父母可以用来自省，孩子却不能拿来用。正如很多人乱用"孩子的问题都是父母的问题"和"原生家庭"这些概念，这些概念用来自修会很好，但倘若被孩子用来指责父母，用来做自己的挡箭牌，会使孩子失去通过自己的努力而改变一切的动力，在要求别人改变的路上越走越远。所以，父母可以照镜子，但孩子却不可以认为自己是镜子，而应把别人当作自己的镜子，甚至视万物为自己的镜子。正如古人说："吾日三省吾身。"

作为孩子，要学会从父母身上照见自己，然后修正自己，而不是去修正父母。因为人都是这么过来的，几乎没有人会生在完美的家庭，每一个人先天都会带上父母的印记。不管这个印记是好是坏，那都叫"传承"，而我们的责任就是让自己变得更好，让这个传承在我们身上进化。把原生家庭当成自己的起点，人生才有成长的空间，也才有成功的可能。

有的咨询师认为，父母没有处理好与孩子的关系，其根本原因在于不会表达爱。

其实，定义什么是爱，怎样才算爱，非常难。如果说父母的管教、束缚不是爱，那么反之，放手不管就是爱吗？其实也不是。

所以，我现在基本不提爱的概念，因为爱只是一种情绪

第一章
纪录片《镜子》解析

体验，往往是没办法衡量和界定的。

在一起时含情脉脉，是不是爱？是爱。但是，我们没有办法把"含情脉脉"放在人生的每一个时刻。

我们对着孩子的时候，会有无限的爱、无限的包容，觉得这孩子是天底下最美的天使，但我们没有办法把这个感觉放到生活中的每一个时刻。

尽管父母会全然地爱孩子，但是如果孩子天天给你惹麻烦，你还能做到天天爱他吗？根本做不到。

所以，我现在不提爱，只讲解决问题的能力，解决冲突的能力，这个是可以衡量的。这样我们就会很明确，生活中想解决哪些问题，我们把这些问题一个一个解决掉。解决完之后，我们对这个事情就变为可驾驭的。那时想爱就去爱，不想爱就不爱，因为我们是自由的。这个时候，我们才成为自己。这时再去谈爱，才有意义。

几个孩子结营后的情况：

小厦自愿留在机构做志愿者，2016年春节离开。之后，辗转多地寻找工作，屡屡受挫。目前，他又回到父亲工作的船厂继续做一名铜工。

小钊参加了2016年高考，被长春某高校焊接技术与自动化专业录取。小钊放弃，选择在河北安平县中学复读，继续参加

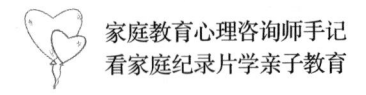

2017年高考。目前已与女友分手。

家明在父亲的资助下开了一家网店,两个月后关闭,后迷上摄影。2016年12月2日,家明满18岁,他做背包客去了张家界,开始了人生中的第一次远行。

泽清希望换个环境生活,他让父母买了一套新房。目前依然没有去上学。2017年3月5日,泽清父母来到中央电视台,再一次向《心理访谈》栏目组求助。

小结

本节立足于"爱",也结束于"爱"。根据纪录片,总结了以下几个家庭教育中常见的误区。

1.追寻"爱"的误区

若只有感动,潜意识未改变,行为模式未改变,则这个家庭的改变不会持久。

感动没有错,但深度必须够。父母需要经由这份感动,而走向内省,唤醒更深层的记忆,让自己的心更柔软,更了解自己、了解孩子,乃至发生根本意识的改变。

2.学习和陪伴的误区

父母流于头脑的学习、知识的积累,以及对孩子形式化的陪伴,问题不会发生实质的改变。

学习,需要触及潜意识的改变;陪伴,需要达到情感交融的目的。

3."满足"的误区

家庭教育中，父母要有力量，权威要立得住，此为第一要务，不能一味地满足孩子。

4.追寻表面安宁的误区

小心翼翼地隐藏着不满，得来的安宁注定不会持久。唯有直面冲突，方能解决问题。咨询师需要教会求助的家庭直面冲突，从根本上解决问题。

5."爱的认知"教育的误区

（1）爱不是控制，难道爱是失控吗？破了一面的同时，要立住另一面。

（2）"我的孩子"这种表述是没有问题的，若这份天性之爱被否定了，父母该如何自处？所以，"我的"不是问题，人心的麻木才是问题。

6."镜子"的误区

镜子是用来照见自己的，既不能成为孩子控诉父母的工具，也不能成为孩子受害者心理的理由。

7.立足点的误区

"立足点在哪里，成长就在哪里。"父母应该立足于解决问题、让孩子成长，而不仅仅是立足于爱。

第二章
纪录片《逆子》解析

和同龄人相比，15岁的泽清正过着一种另类生活。他已经辍学在家3年，平时靠在网上下军棋打发日子，父母心里着急却不敢干涉。妈妈说，平时泽清稍不满意就会大肆辱骂自己，还会动手殴打。不久前，泽清参加了一个心理学校的培训，家人希望通过81天的封闭训练，能让泽清的性格有所转变。

最终，81天的学习结束，泽清依然打骂妈妈，夫妻间的争吵依然没完没了。泽清妈妈崩溃绝望，心如死灰；泽清爸爸冷漠旁观，暗中助战；泽清本人依然暴力成性，满腹怨言……泽清的家庭关系已经扭曲到了极点。

第二章
纪录片《逆子》解析

高知家庭为何养育出休学孩子

> 纪录片《逆子》中的主人公,是《镜子》中求助的泽清家庭。这个家庭呈现出明显的夫妻关系问题。
>
> 这个家庭中夫妻关系的问题究竟在哪里?
>
> 爸爸、妈妈的问题分别是什么?
>
> 夫妻关系问题和孩子的问题有何关联?
>
> 这个家首先需要解决的问题是什么?
>
> 咨询师该协助的面向有哪些?
>
> 本章将借助纪录片中呈现出的内容,对这些问题做深入讲解,同时将十多年在一线打磨出的调解家庭和孩子问题的系统方案全部囊括进去。本章会告诉大家,想要婚姻幸福,妻子该如何做、丈夫该如何做、家庭教育中孩子的问题该如何破解以及专业咨询师的常见误区。

视频一开始就揭示了泽清的对抗,无缘由的对抗。既然是他自己选择要来这个训练营的,那就应该遵守训练营的规矩,为什么还要对抗?

心理咨询的一般思路,就是探讨每个行为背后的成因,并进行有效的干预。但还要观察他现在的行为会在未来会如何

演化，也就是泽清的这个对抗有没有泛化。

我们可以想见，他在学校或许也是这么对抗老师的。所以，从教育的角度，他不上学的原因基本上就可以推断出来了：其实就是对权威的抵抗。对于任何想管教他的力量，他的态度都是不屑的，都是对抗的。当然，通过节目的后续推进，我们可以明确得知，泽清真正对抗和不屑的是自己的父母。

正如上一章中所说，当孩子看不起自己的父母，习惯性对抗自己父母的时候，他将来必然会对抗社会上所有试图管教他的力量。甚至但凡和权威、上位者意象有关的形象，都会成为这些"逆子"潜意识里对抗的对象。

泽清的家庭如果没有调整好，他未来会很难跟上司、领导这类人相处；在生活中，他潜意识里也无法认同主流的价值观，会下意识地选择小众路线或旁门左道，因为他对主流总是感到不屑。而根源就是他潜意识里对父母感到不屑，在他的经验里父母的形象是被打倒的。

泽清对抗权威的底气是从哪里来的呢？其实正是他背后的父母纵容和支持的。

比如在学校，泽清犯了什么错，包庇他的一定是他的父母，重错轻罚的也一定是他的父母。甚至从我辅导过的大多数休学家庭的共性来看，默许孩子不尊重师长、学校、学习和规则的，也一定是他的父母。当然，父母不是故意的，却是无意识影响和允许的。

片中，泽清经常对咨询师投去怀疑和审视的眼神，这些下意识的动作其实已经说明了问题。换作对父母心存敬畏的孩子，是不会这样对待这些大人的。

但是有些父母会把孩子这些无礼行为当作个性来欣赏，或者把孩子当作受害者来谅解。可等孩子成年之后，走上社会之后，谁会去谅解他呢？

但他的这种对抗实际上又是纸老虎，他所做的对抗不过就是"我就不听你们的，我就不理你们"，事实上他唯一依仗的还是父母对他的溺爱。可这并不是真正的力量，更不是勇气。真正的勇气，是在立场坚定、是非清晰的前提下对抗暴力、对抗强权，是锄强扶弱，是为了信仰奋不顾身的行为。但显然，这些真正的大勇，泽清们恰恰是没有的。

这次泽清主动要求来上课，虽然是想改变，但也有一部分原因是希望自己的父母去改变，"小子想管教老子"。

出现问题的家庭大都是序位颠倒的，这些孩子在家里都是"小皇帝"，要父母围着他们转。周围人主动和他们改善关系的行为，都容易被他们忽视和看不起。所以，这类孩子其实都缺乏自发性的需求，以后就算回去上学，甚至走到社会上，也会出现同样的问题，即没有动力，自发性非常欠缺，也就是常说的没有责任感、没有担当。

而这些孩子的父母似乎并不担心这个，他们担心的只是孩子不上学。既然父母不在意孩子的品格，不在意孩子会不会成为一个有担当、有责任感的人，更不在意孩子是否有勇气，甚至打骂父母都可以被原谅、被理解，那孩子自然就不会有这些好的品格了，出问题也就是必然的。所以我常说，父母一定要有意识地培养孩子的核心品格。

泽清妈妈：小孩经常说我贱，我有时候真的是觉得我贱。可能是（因为在玩游戏的）间隙了，我就会给他端汤端

第二章
纪录片《逆子》解析

饭。就是因为这个,比如说送饭送菜,他会拽着我的头发,把我逼向墙角,然后拼命地打我。

从这段描述中,我们可以获取很多信息。

泽清的性格,已然在妈妈这种无止境的、过度的给予和满足中养成了。

泽清从小就这样被妈妈过度给予,他会有动力自己去获取什么吗?他会自己去追求什么吗?不会的。因为在他还没有想要的时候,妈妈就已经给予了,就已经满足他了,而且是过度给予和满足。所以,泽清在现实中就不会有动力去争取什么,也不会获得任何价值感。特别是这对父母又属于高级知识分子,对他的学习、兴趣,估计也都早早安排好了。由此我们也可以理解,为何他终日躲在网络游戏里,因为只有那里是父母干预不到,也给予不了的。高知型父母基本上都视网络游戏如洪水猛兽,所以,这是父母不会给予的,却是泽清自己选择的。在这个选择里,他可以靠自己的力量取得一些成就,而无须父母的帮助。

纪录片中,泽清骂妈妈,甚至动手打妈妈,妈妈还要给他端饭送汤。这说明妈妈的行为是不受控的,是不可抑制的。

妈妈的行为已经到了令孩子厌恶的地步,而妈妈却完全

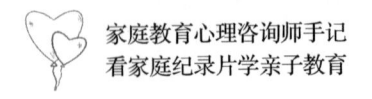

停不下来，最终遭到孩子的打骂。而妈妈对于自己被打骂又是无感的，她甚至说"我也觉得我挺贱的"，那么孩子必然也会这样看她。

这里问题的关键是：泽清妈妈对自己的尊严无感，那么泽清怎么可能学会尊重别人？未来，当更强势的人也如此对待泽清的时候，他会懂得维护自己的尊严吗？答案是不会的。所以，泽清未来可能成为一个既不会尊重别人，也不会被别人尊重的人。

更可悲的是，就算别人对他好，他也是无感的。因为他会像轻视妈妈一样，轻视那些对他好的人。而别人不尊重他、贬低他，他也不知道如何维护自己，因为他从来没有在父母身上学会如何维护自己的尊严。难道这就是父母想要的孩子的未来吗？

接下来我们探讨一下，泽清妈妈为何无法抑制自己给予泽清过度关怀的行为。这显然是一个偏执的行为。她可能认为自己是个伟大的妈妈，同时认为，"我都这么照顾孩子了，孩子还这样打骂我，而爸爸却不帮我，爸爸只当一个甩手掌柜"，而这很可能就是她潜意识里的行为逻辑——用自己的牺牲与受伤害来控诉老公的不作为。这很可能是她在原生家庭就养成的行为模式。泽清不过是个15岁的小孩，因为受到纵容，他才会这样对妈妈。也就是说，是泽清妈妈纵容了孩子对她的打骂。

泽清妈妈说:"我就贱命一条,你要拿就拿去吧!"从这句话可以看出,她是允许孩子对她进行打骂的。

而泽清妈妈这句话是说给谁听的呢?大家揣摩一下,真的是说给儿子听的吗?正所谓听话听音,我们要听的是她潜意识里的声音,她没有说出来的意图。

泽清妈妈通过使自己受伤害的方式来控诉,这种处理问题的方式是非常没有力量的,是一种典型的"弱者的控制"。

虽然她在单位是业务骨干,看起来能力很强,但是她从未学会如何处理家庭关系——这是很多女性的通病,因为她们在原生家庭中从来没有学会这一课。

从表面上看,泽清妈妈很强势,她认为自己能借助出身与工作上的一点点优势压制住泽清爸爸。事实上,她的优势的确刚好能够击中泽清爸爸的软肋。由此可见,这个家庭一直在负向循环,互相抓住对方的软肋,相互羁绊。谁都动不了,谁都不舒服。而时间久了,谁都对生活不抱有希望了,所以泽清爸爸在访谈中说"我没有信心"。

如果他们找不到正向循环的方式,就不会对未来产生希望,他们的婚姻也就岌岌可危了。

泽清爸爸实际上对泽清妈妈有一肚子的怨气,但又无处释放,因为他对泽清妈妈无可奈何。所以,泽清爸爸的行为只

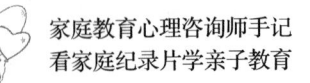

能是冷漠和疏离了。

泽清爸爸这样解释他为何不制止儿子打妈妈的行为。

泽清爸爸：要制止我就制止他妈妈，我就要她不要唠叨。其实这制止的效果就不好，我自己的话也有点……就孩子动手，其实我也觉得是也在帮我出气。

从这段话中，我们可以看出，泽清爸爸心有怨气，是因为这个家根本就没有按他的意愿运作，他希望泽清妈妈不要再唠叨了，但又制止不了她。并且他也不知道该如何与妻子沟通交流，只能把愤怒隐藏起来。所以，泽清打妈妈，爸爸才会觉得是在帮他出气。

从这里就可以推断出，泽清爸爸实际上是非常回避和妻子起冲突的。从更深层次来说，他在死死地压抑自己对妻子的愤怒。这个是非常隐秘的潜意识活动，如果不是有多年积累的一线实践经验，我很难发现这些细节里隐藏的潜意识语言。事实上，很多男性畏惧自己的愤怒情绪，这往往是因为在原生家庭中对自己母亲的愤怒无处释放。

比如，男孩子看到爸爸很懦弱，总是被妈妈训斥，就会感到愤怒；但又看见爸爸总是选择隐忍，所以压抑愤怒的行为也会深入他的内心。因为爸爸害怕自己愤怒后会做出一些

第二章
纪录片《逆子》解析

不可控的事情，导致家庭破碎，所以会对自己愤怒的力量感到恐惧。

此外，男孩子被父亲过度压制，或者曾有被霸凌的经历，也会导致不敢愤怒。也就是说，很多男性对于愤怒的力量感到不知所措，不知道该如何驾驭。中国男性习惯选择隐忍，而隐忍的结果则是无法驾驭自己的男性力量，这恰恰是婚姻杀手。

但这并不意味着家庭中可以肆意发泄愤怒，想要真正幸福，应该学会驾驭愤怒。

泽清爸爸对于妻子的唠叨、对于家庭失控，毫无办法。所以，他选择了回避、退缩、不作声。而这种不作为，或者说"软对抗""冷暴力"，恰恰是泽清妈妈最痛恨的。从这个意义上说，泽清妈妈之所以唠叨，是因为她也不舒服，无法和泽清爸爸进行有效沟通。这就是泽清家问题的症结所在。

作为心理咨询师，要教会他们如何解决这个问题，否则他们的婚姻很难幸福。

泽清爸爸解决家庭问题或者说应对妻子唠叨的方式，以前是包揽家务、委曲求全，但是时间久了，他发现这样是无效的，于是就开始在精神上退缩、逃离。

事实上，越是"好男人"，越容易选择泽清爸爸那样的方式，因为他们都畏惧冲突。但他们忘记了，妻子要的是一个强而有力的丈夫，是一个能主导家庭，给她依靠，能理解她、支持她的男子汉，而并不需要丈夫不停地为她做什么。如果男人能做到这些，女人就会变得非常有能力，而且非常愿意做事。因为这时候，女人就不再是女孩，而是女主人了。

男人要做到这样也是有诀窍的，就是女人情绪越大，男人越不能畏惧，越不能嫌弃，更不能逃避，要直面女人的情绪，并且坚持听女人把情绪发泄完。当女人的情绪被允许释放并且被听懂的时候，她就会觉得你很理解她，很爱她，很支持她。一旦女人有这种感受之后，就会变得很强大。

当然，这不是通过一场两场咨询就能学会的，需要经过长久的训练。

观察员询问泽清：你爸你妈谁是家里的一把手？

事实上，这个家里根本没有一把手，因为没有任何一个人能立得起来。正因如此，这个家里也是毫无规矩的。因为规矩需要由权威者来制定并监督执行，要有奖惩制度，并且能够落实这种制度。否则，任何规矩都无法执行。正如一个国家如果没有公安部门等执法机构，法律也就无法执行。

所以，泽清家的首要问题就是恢复"执法系统"的力量，而这又关乎夫妻关系。也就是说，他们家改善夫妻关系的方向是协同作战,落实家里权威的力量,也就是执法系统的力量,具体方法就是重塑家庭序位。

因为出问题的家庭,几乎都是家庭失序、边界模糊不清的。在这些家庭中,父母往往过度纵容孩子或者父母的形象被孩子打倒。

只要孩子表现出了对父母动手的倾向,在他动手的那一刻就必须立即制止他。也就是说,他若敢动手,必须动手一次父母反击一次,直到在他心中刻下这条红线为止。不要等到孩子已经大到父母都畏惧了、打不过了,才试图去制止他,那个时候就太晚了。

要在孩子小时候就建立父母的威信,这样他才不敢攻击父母,长大以后再生气都会尽量控制自己的情绪,控制自己的攻击性,和父母好好说话,而不会动不动就用暴力来对待父母。

所谓"情绪管理",就是指一个人的暴力是需要被制约住的,要让他下意识知道不可以用暴力来解决问题,他才能试图控制自己的情绪,管理自己的情绪。

但是有的父母担心对孩子过于严厉,会导致孩子性格压抑。如果实在拿捏不好分寸,我建议宁可严厉而不可溺爱放纵。严厉可能会对孩子造成一些伤害,但至少孩子不会成为一个"逆子"。但是从小失去父母管教的人,可能终其一生

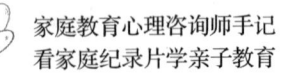

都无法学会控制自己的情绪，甚至最终成为一个无法无天的暴力分子。

泽清在日记中写道：这是永远不能忘记的一天，2012年10月4日，这是耻辱，东方不败就这样被打破了。你既选择重回2010年12月7日至2012年7月18日的时代，就不能再睡了。春天可以再来，树木可以再生，可是，生命只有一次，机会只有一次，好好珍惜现在的……世上没有后悔药。

对于这些内容，泽清妈妈表示不理解。

这其实都是小孩子的语言，小孩子才会认为自己很厉害。特别是男孩，在很长一段时间里他会觉得自己无比强大，那是因为他希望自己强大。

我曾经接待过这样一个孩子。他在我面前对心理学侃侃而谈，只是因为他看了美剧《豪斯医生》，认为剧中内容就是心理学。而他的妈妈并不知道这些信息，还以为自己的儿子很厉害。这位妈妈看似在欣赏自己的孩子，但实际上只是助长了孩子的幻觉，使孩子更加狂妄自大，同时也更加不尊重父母，因为他觉得自己比父母厉害多了。

所以，父母一定要识别孩子的狂妄自大，不要被孩子牵着鼻子走。

根据上文泽清日记中支离破碎的语言，我们可以拼凑出他当时的情绪——遭受失败后的愤怒以及自我鼓气。如果他不经受现实的打磨，那么成年以后依然会保留这种性格特征，也就是始终认为自己无比厉害，骄傲、自负，看不起周围的人，认为别人都是愚蠢、无能的。但实际上，是他自己没有能力与身边的人和谐共处。

事实上，他在潜意识里知道自己建构起来的是一个虚幻的世界。但因为他一直待在这个虚幻的世界里，并且或许真的有一些小聪明，所以强化了他的幻觉，同时也让他没有勇气打破幻觉，看清真实的自己。

趁他年纪还小，没有独立，父母还有机会重塑他的心

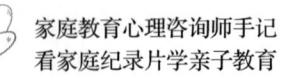

智。一旦他长大独立，调整的难度就非常大了。所以，奉劝各位家长，如果你的孩子与泽清有类似的情况，还是早做调整为好。

这段话的结尾部分看似下定决心，但实际上泽清还是在每天睡大觉。

泽清妈妈认为孩子说的全是"奇谈"，"好难理解"。事实上，哪个少年没有过一些奇谈怪论？作为父母，要去客观地认识孩子的问题，理解孩子为什么会产生这些问题，而不是一味地贬低孩子。看破不说破，这才是智慧。

泽清爸爸：我是希望他妈来跟他去沟通，平时我跟他交流可能更顺畅一点。

从这句话可以看出，泽清爸爸回避了自己的责任。

泽清爸爸属于在社会上已经取得了一定成就和地位的男人，但在家里却一直没有话语权，无法按照自己的意愿推进家庭关系。

从泽清爸爸一再去各种机构求助，其实可以看出，他是有意愿解决问题的，只是他真的不知道该怎么和泽清妈妈相处。所以，他们夫妻两个就这样僵着。从根本上说，他在这个家里不快乐。

而泽清之所以这样，也是因为爸爸的力量无法在泽清心中形成影响。因为爸爸的任何意图都会被妈妈扭曲，而泽清的前面永远有妈妈挡着，爸爸也就懒得去管泽清了，于是这孩子就越来越狂妄了。

泽清爸爸没有树立起"山"的形象，他们夫妻应该各负一半责任。

对于泽清爸爸来说，首先，他没有尽到爱妻子的责任，让妻子对他充满怨气；其次，他因为自己的失望和退缩，几乎放弃了对泽清的管教。

泽清从小被妈妈照顾，而妈妈一直对爸爸充满抱怨，作为儿子，泽清是很难去尊重爸爸的。

所以，我经常说"父亲的形象在妈妈的嘴巴上"。当然，根源其实是在妈妈的心里。

妈妈对爸爸的抱怨，看似发泄了怨气，实则击垮了父亲在孩子心目中的形象，而最终让孩子无所约束，不服管教。

所以说，在家庭里，若没有稳定的夫妻关系，没有妈妈对爸爸由心而发的支持和维护，父亲盲目地去管教孩子，很难产生好的效果。就像泽清爸爸说的，他跟孩子亲密一点，妈妈就会嫉妒。妈妈为什么要嫉妒？因为妈妈的心里空落落的，这是人之常情，并不是谁的错。

目前这个家庭真正的危机，是爸爸对整个家都不感兴趣

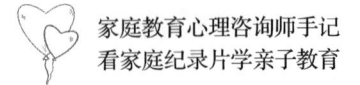

了，只是仅剩的理性让他还愿意求助。即使孩子打妈妈，他都不去管，因为他对妻子根本不在意，甚至感到厌烦；至于孩子是不是没规矩，他更是无所谓。

这个家要扭转危局，乃至挽救泽清，必须先调整夫妻关系，然后才能调动爸爸的力量，让他重新对这个家感兴趣。

首先，泽清爸爸必须克服自己的退缩，必须改变自己和妻子无效的对话模式——包括他对妻子情绪的畏惧、对冲突的不知所措。

其次，泽清爸爸还得学会有效应对冲突的方法，在每一次冲突中修正夫妻关系。

最后，泽清妈妈也必须学会如何与另一半沟通，同时停止自己不受控的行为，这需要一些深度的疗愈才能实现。

小结

从心理咨询实践来看，家庭问题往往错综复杂，几乎不可能通过一两次的心理治疗就干预到位。心理咨询师没必要把心理治疗的功能扩大化。

通过分析纪录片，我们做出以下总结。

1.泽清的问题

（1）对抗。泽清在家与母亲作对，在学校军训时不服从教官的管教，可见存在非常强烈的对抗心理。并且，这种对抗，在很多时候并没有实际的目的，更多的是为了对抗而对抗。这一问题在未来泛化之后，泽清在学校会下意识地对抗老师，在社会上会下意识地对抗权威，比如公司领导等，同时对抗一切试图约束他的对象及社会规则。

（2）被溺爱。泽清从小在家便享受着母亲无微不至的照顾，衣来伸手，饭来张口。母亲不仅对他百依百顺，甚至能够忍受他的非打即骂。这已经超出了一般意义上的母爱，而成为一种"溺爱"。正因为从小被溺爱，未来，泽清可能会缺乏自发性的需求，没动力，没责任，没担当。

（3）对尊严无感。从纪录片中可以看出，泽清对于母亲动辄打骂，毫不尊重。而这也印证了一点，那就是，对于别人对他的好，他是无感的；对于对他好的人，他甚至是轻视的。这就不仅仅是不尊重他人，同时也是不尊重自己。所以，可以判断泽清对尊严是无感的，不懂得尊重别人；假如未来面对更加强势的人，他也不会懂得如何维护自己的尊严。

（4）将父母的形象打倒。在泽清的心里，父母是没有任何权威的，父母的话是不必听的。他甚至认为父母一无是处，父母的一切都是错的，而自己才是对的。这样对父母毫无敬畏之心，事实上就是因为他在心里已经将父母的形象打倒，父母不再是高大伟岸、值得尊敬与崇拜的。这样的孩子，未来，既没有根，也没有主心骨；既无所依靠，也无所信

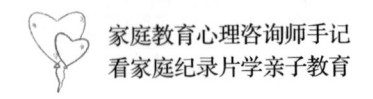

任；既无法受教，也无法被提携；更无法被贵人点拨；甚至很难被咨询师协助。内在会有强大的幻觉，靠幻觉支撑着，不敢打破。

2.妈妈的问题

（1）强大的非理性，对尊严无感。她不受控地给孩子端饭端汤，而且在情感关系中采用弱者的控制方式。

（2）对爸爸充满抱怨，让爸爸的形象无法在孩子心中立起来。

3.爸爸的问题

（1）不会面对妈妈的情绪，让妈妈充满抱怨。

（2）对家庭失去控制力后，选择退缩，放弃了对家庭的主导、对泽清的管教，甚至对这个家没兴趣了。

4.这个家庭需解决的问题

（1）调整夫妻关系。

（2）夫妻协同作战。

（3）重整家庭序位，落实家庭的权威。

（4）恢复家庭中"执法系统"的力量。

5.咨询师需协助的方面

（1）协助爸爸学会驾驭自己的愤怒，敢于直面妻子的情绪，学会听懂妻子的心声。

（2）协助妈妈清理自己的非理性，改变不受控溺爱孩子的行为，学会维护自己的尊严。

（3）教会这对夫妻如何在冲突中推进关系。

6.父母需要思考的问题

（1）孩子命运的底色，是由什么决定的？

（2）婚姻中，男性如何驾驭自己的力量？

（3）婚姻中女人要的什么？

（4）男人该如何面对女人的情绪，如何倾听女人的心声？

（5）家庭中，父亲山一样的形象是怎么树立起来的？

（6）家庭中规则的落实需要哪些前提条件？

（7）孩子学会做情绪管理的前提是什么？

（8）面对孩子的巨大幻觉，父母该怎么做？

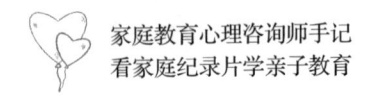

解决孩子问题，调整夫妻关系是核心

> 上一节借助纪录片，细致剖析了孩子、爸爸和妈妈各自的问题及这个家庭调整的方向，这一节将重点呈现心理治疗部分。

泽清妈妈的问题，除了上一节谈到的对孩子不受控制地付出的行为，还有一个就是对丈夫充满怨气。这份怨气是怎么来的？一定是对丈夫的期待没有被满足。而我一直说：婚姻是必须彼此满足的。

作为心理咨询师，一定要先认识到泽清妈妈对丈夫的期待，如此才能引导她面对自己的怨气，即带领她看到自己在过去是如何一点点累积怨气,并且一直用无效的方式面对不满意的现状的。

当然,怨气往往并不容易处理。特别是某些女性在原生家庭中一直被娇惯,习惯于让别人来包容自己的情绪、化解自己的情绪,长此以往就会产生受害者情结,那就要花费很多时间协助她重建不推诿、不任性,不肆意猜测别人和不控制别人的思维习惯。这也是我们都是以年为单位来开展工作的原因。

在这个过程中,我们会手把手教学员,如何推进夫妻关系,如何发展出夫妻关系中最重要的两个能力——解决冲突的能力与满足期待的能力。

说到这里,就要讲讲什么是婚姻了。心理咨询师若自身没有明白什么是婚姻,那他所做的治疗,基本上就只能是"头痛医头,脚痛医脚":你情绪不好,我就帮你扔掉情绪;你脾气不好,我就教你控制脾气。最终,所有的心理干预都会迷失在各种心理学理论的碎片之中。其实婚姻的本质,就是一场心灵的契约。我们因为对婚姻有所期待,也认为对方能够满足自己的期待,所以走进了婚姻。

但这场心灵契约并不是一成不变的,随着时间的推移,这个心灵契约会不断添加新的内容或者减少原有的内容。可能一开始是对方的外貌、财富、地位、细心、温柔、学识、才华

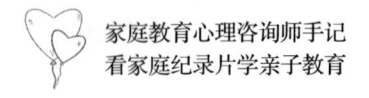

和涵养吸引了你，你们也是因为这些走进了婚姻。但时间久了，这些都可能发生变化。因为你在变化，关系在变化，环境在变化，生活也在变化，那么，这个契约上的内容也会变。如果我们没有意识到需要不停地检视和修正这个契约，那么婚姻的心灵基础就会逐渐消亡。

不要说"你当时是怎么答应我的""我当时怎么会看上你的"，当时都是对的，只是双方没有随着关系的变动而持续修正自己对婚姻的期待。而这正是婚姻的真相。

所以，要想维持一段幸福的婚姻，必须具备两种能力：一是解决冲突的能力，二是满足期待的能力。

任何涉及婚姻关系的心理干预，如果没有使夫妻双方发展出这两种能力，都不能从根本上使婚姻幸福。

做到这两点绝对不是容易的事，因为世界上幸福的婚姻本身就是少数，幸福本身就是稀缺品，所以别幻想着随随便便去做，你的婚姻就能幸福。

在婚姻中获得幸福，本身就是一种能力，而这种能力通常只能在类似于原生家庭的小生态环境中塑造出来，也就是用心地、长期地向已经做到的人学习，通过耳濡目染，逐渐理解并掌握让婚姻幸福的方法。所以原生家庭幸福的小孩，长大以后获得幸福婚姻的可能性往往会更高，因为他们从小看到了父母是如何相处的，学习了父母相处的良好方式，所以在长大成人、缔结婚姻以后,能够将这种方式应用到自己的小家庭中,使自己和另一半同样获得幸福的婚姻。

实际上,我们的工作中,很重要的一部分就是模拟这样一个环境,让没有学习过这一课的成年人认真学一遍,慢慢培养出这种能力。

在我们这儿,没有严格意义上的心理治疗,有的只是一次又一次地与自己的潜意识进行对话,也就是我常说的内省。因为只有通过内省,人才有可能超越自身的局限。这是我们年复一年在做的事情,相关的文字资料有上百篇。在本书中,我也会穿插讲解一些内省的观念。

泽清对心理咨询师说:我觉得一幅画就能说出这么多,感到惊讶。

画外音:泽清一直在强调,他来这里完全就是替父母受过,认为要待81天的是他们。

他在审视心理咨询师。泽清怀着这样的动机,其实咨询师是帮不到他的。既然他认为自己是代替父母受过,那他怎么会去检视自己,怎么会心甘情愿地修正自己呢?

作为心理咨询师,应该首先修正他的这种观点,否则心理干预很难产生效果。用专业的话说就是,重新确认求助的目

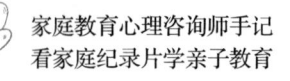

的，修正咨询方向。

而泽清坚定地认为自己是在"替父母受过"，究其根本，是因为他强烈的"弱者控制"思维，又叫"巨婴思维"。这也是想帮助他的人（特别是父母），必须警觉的思维模式，不然任何积极的行动最后都会无效。

简单说就是，这类孩子在家里被溺爱，被父母给予太多，他们从小习惯了父母围着自己转，于是对父母任意索取，甚至稍有不满就对父母大打出手。所以，面对这样的孩子，心理咨询师很容易陷入两难境地：无论心理咨询师试图为泽清做什么，他都会认为是理所当然的。无论是试图管教他、骂他，还是试图感化他，都会被他"看透"、看轻，进而导致任何努力都难以产生成效。

而有时，心理咨询师容易把他们当成小孩子对待，这样在无意识中纵容了这些索取者，纵容了他们的受害者意识。何谓"巨婴"？不就是"我是孩子我有理""我弱我有理"吗？

所以，对于这些青春期的孩子，很多教育工作者经常犯的错误就是把他们当作孩子。

只有一次又一次地把他当作完全的"成人"来对待，不给他任何特殊的待遇，不因为他的卖乖、讨好、装酷和耍脾气而动摇对待他的态度，时刻保持严格、公正，绝不搞特殊

第二章
纪录片《逆子》解析

化，才有可能迫使他完成"成人化"。因为"成人"的方式会带给他前所未有的"价值感"和"尊严感"，所以最后他会喜欢做一个"成人"。

有些教育机构用军事化的训练来纠正孩子的思想和行为，这个方向是对的。军队为何能改造人，只是因为严格的训练和作息吗？实际上，军队是非常注重思想教育的，这才是关键。

心理咨询师要把孩子当作完全的"成人"，真正尊重他，而不是把他当作一个宝宝来哄；理解他的心路历程，理解他为何变成今天这个样子；听懂他的自尊，听懂他内心里面的骄傲；看懂他的努力，而不是只盯着他的缺点。当然，更不能盲目地认为他就是很好的，就是没有问题的，都是父母的问题，如若这样和那些父母就没有区别了。要做到这些是极难的，因为这与老师自身的修养有关。例如，电影《放牛班的春天》《入殓师》《卡特教练》《心灵捕手》和《恰同学少年》中的的师者，就具有很强的代表性。

泽清爸爸：以前的话，所有的家里面整理、搞卫生，什么都是我在干。现在家里面变成这样，干脆我也不干了。

泽清妈妈：我觉得他是想找个村姑。

这位丈夫本来是愿意把家里收拾得干干净净的，也是对妻子有期待的，然而妻子却认为他只是想"找个村姑"。现在双方都充满了怨气，谁都不愿意为了对方而做出改变，甚至连已经付出的也都收回去了。

泽清爸爸可能确实想找一个贤妻良母，同时他也愿意为家里付出（可以推断泽清爸爸本来是居家型男人）。泽清妈妈或许是期待被宠爱，如同父母曾经宠爱她一般，这也没有得到满足。双方心中期待的东西都没有被对方看见，更没有被满

第二章
纪录片《逆子》解析

足,所以彼此感情渐渐冷却,关系越来越疏远。

其实在我看来,这样的男人已经挺好的了,什么家务活都愿意干。可是,他对于老婆的挑剔不满无能为力,甚至感到抓狂。他解决不了问题,于是选择退缩,采取了冷暴力。而这进一步加剧了妻子的不满,于是妻子变本加厉地唠叨。婚姻关系发展到这一步,可以用一句话来概括:"你不让我好过,你也别想好过。"

泽清妈妈:有时候要带小孩出去玩,我感觉他是一个非常现实的人,他就说"要么你带,要么我带,不要浪费两个人

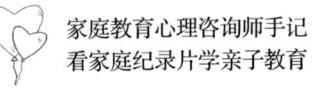

的时间",就好像是一个机械的、高效率的工作似的。我也是心里对三个人一起去公园玩啊,照那些照片(有向往),我觉得那个是我心目中的幸福生活。

泽清妈妈说话的时候,眼神中是有憧憬的,是沉浸在内心向往的画面里的。

说话的时候眼神往右上方瞟,说明她在沉思,她内心是有画面的,她一直沉浸在自己内心的画面里。

估计她每次与丈夫发生冲突的时候,都会跟心中的这个画面进行对比。比如她听到丈夫说"要么你带,要么我带,不要浪费两个人的时间",她不会考虑怎样解决这个问题,而是会觉得受伤了,觉得自己不幸福。

结合纪录片中呈现的一些信息,可以推断,泽清妈妈应该是从小受到父母宠爱的。婚后丈夫包揽家务却依然不能令她满意,似乎印证了她在原生家庭中可能从不做家务。她的父母都是高级知识分子,她本人也是单位的业务骨干,所以她一直有一种优越感。她认为丈夫只是想找一个"村姑",说明她在某种程度上认为"我嫁给你,不是为了给你做家务活的",甚至认为"我不是一个普普通通的,只会围着老公转、围着锅台转的女人", 这是她的顽固认知偏差。但生活本就需要落实到柴米油盐这些家务琐事上,所以只有打破泽清妈妈心中的

"公主梦",才能让她在婚姻生活中找到幸福。

泽清妈妈回家晚了,对着镜头,一边说"我回来的时候经常他也不在",一边眼神躲闪着往后退。面对空荡荡的房子,泽清妈妈的眼神是躲闪的,说明她知道,这个家里面有很多事情她是没做到位的。

她应该非常嫌弃做一个贤妻良母,但也知道很多事情是自己该做却没有做的。

泽清爸爸:我讲了你不听,那我就走,我不会打你。

雄性动物被逼到最后通常是会爆发攻击性的，但泽清爸爸的攻击性却被压制住了，这是个很大的问题。所以，必须把爸爸的这个力量给唤醒。当然我们不是为了让他攻击，而是为了培养他对事物的驾驭能力，他不可以在生活不如意的时候就一走了之。对于外界我们可能没有办法，但对于自己的家庭生活，必须有股"不幸福就不罢休"的劲。实在不行，还可以离婚，告别痛苦的婚姻也是一个人勇气的体现——当然更加智慧且勇敢的做法是解决婚姻中出现的问题。

一个人如果想在事业上有所建树，其实也需要这股劲，就是推动事情的进展的不屈不挠的劲。

对于泽清爸爸，只要教他怎么做就可以了。比如生气时可以爆发，爆发两次之后就会发现，自己可以掌控这个家了，然后他就能感知到自己的男性力量。如果他做不到，那再来探讨他的心理背景。

对于泽清妈妈，可以这样教她：如果丈夫脾气爆发，就让他爆发，不用大惊小怪。同时不要总是和他对抗，要学会以柔克刚，激发他的保护欲。当然，在具体操作的时候需要注意很多细节。但只要朝着这个方向努力，就有希望调整双方关系。

泽清妈妈：儿子让我给他叫外卖，不叫就打我，他爸也

第二章
纪录片《逆子》解析

不管。我有时候为了息事宁人，有时候我真的受不了，我就说"我贱命一条，你拿去吧"。

说这话时，泽清妈妈说话声音微弱，眼神到处飘，身子也往后缩。可以看出，她平时的张牙舞爪，不过是虚张声势。

心理咨询师：她（泽清妈妈）的心路历程也是很不容易的，能理解她的人也不一定很多。

心理咨询师表达与来访者共情，这是对的。这位心理咨询师非常专业，他说话的语气很温和，这更容易让来访者敞开

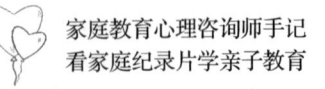

心扉，畅所欲言。

但是对于泽清妈妈过往的怨气，我认为不能仅仅将其当作不好的东西，丢之大吉。

人类的任何一种情绪和感受都是有意义的，都是我们潜意识对内在以及外在世界的一种反应。有时候，负面情绪就像警报器一样，它响起来，是提醒我们注意那些引发警报的事物。就像火警响了是提醒我们哪里着火了，得去灭火，而我们不能直接把警报器关掉。情绪亦然，好的情绪，代表内外的世界是良性有序的；而坏的情绪则代表内外的世界出现了问题，需要我们找到问题并加以解决。

我们需要教会泽清妈妈正确认识自己的困境，正确表达自己的诉求，满足自己的期待。这样以后遇到同类问题，她才能知道如何解决，而不是一味地发泄情绪。只有培养出解决问题的能力，才能获得真正的幸福。

正如托尔斯泰所说："幸福的人都是相似的，不幸的人各有各的不幸。"在婚姻关系中也是如此，幸福的家庭都具备一些相同的特质，或者说夫妻双方都做对了一些事情，由此婚姻才能幸福。

小结

本节的重点在于心理治疗，指出问题的同时提出了解决问题的方向与方法。

以下为本节要点。

1.调整夫妻关系的核心问题

婚姻在本质上是一场心灵契约,彼此都有期待,需要互相满足。

维持一段幸福的婚姻,需具备两种能力:一是持续解决婚姻中冲突的能力;二是持续满足彼此期待的能力。

2.泽清的"弱者控制"

这类孩子的特点是,如果别人对他好,他会习以为常或者鄙视对方;如果别人不满足他的要求,他会愤怒或者讨好对方,除此之外他不会别的方式。

助人者需非常巧妙地迫使他走向"成人化",这非常考验心理咨询师的功力。

3.调整泽清爸爸妈妈的关键

第一,打破泽清妈妈的"公主梦",使她从"女孩"成长为"女主人"。

第二,协助泽清爸爸看懂妻子的内心,教会他解决冲突的方法。

4.调整此类家庭的共性方法

要让家庭成员学会正确认识自己的困境,正确表达自己的诉求,满足自己的期待。

第三章
纪录片《理直气壮的啃老女儿》解析

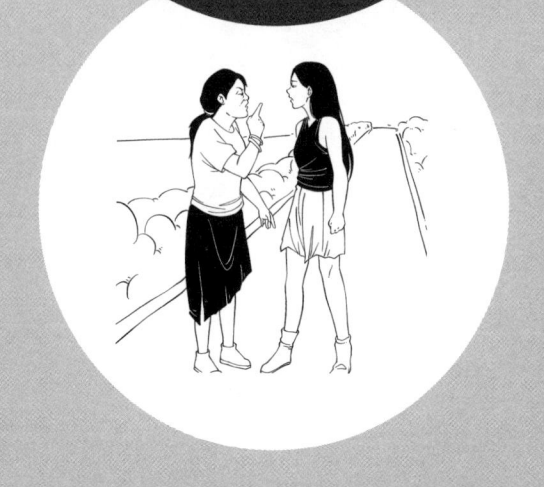

小金大学毕业已经10年了,三十多岁的大姑娘一直在家"啃老"。看着小金趴窝在家,她父母十分着急,但只要一说到让小金找工作,家里就鸡飞狗跳。小金"啃老"啃得理所当然,认为父母"生我就应该养我"。

对于不出去工作,小金的借口很多,例如工作不能乱找,要跟个人发展和人生规划相结合。另外,她说她现在的身体情况不允许她出去工作,因为一跟陌生人说话她就紧张,这是心理问题,需要治疗。

小金的父母已经年近古稀,无力再供养女儿,如何说服她出去工作成了老两口的一块心病。

第三章
纪录片《理直气壮的啃老女儿》解析

啃老族的心理画像

> 本章，我们来看看"啃老"的孩子内心的逻辑是什么样的，她为何能如此"理直气壮"地啃老。建议大家在看本节内容之前先看纪录片，这样才能更好地理解本节内容。

在进入正题之前，大家先看一下片中的这段对话。

小金：你们都想行动行动行动，你啥东西都没有，你咋行动？

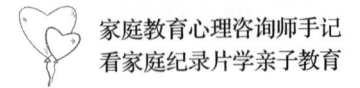

母亲：你在家待着，你去打工，你没钱咋行动？你空想啊？

小金：谁空想？

母亲：你不是空想吗？

小金：我压根儿没空想！

母亲：你用脑不用手，你用脑袋想，没有实际，空想一大套。

小金：我哪没做呀？首先说……

母亲：你做啥了？

小金：首先说，我说想……

母亲：你都没走出去。

小金：你让我说话行吗？

小金：比如说，首先我说我想养鱼，是吧？我想养鱼，我想卖鱼，你看我养着呢！我每天观察它，喂食，你咋着呗？

母亲：养鱼，你除非有大池子。没池子养鱼，家里条件能养鱼？

小金：我还正说着，我现在养鱼，就是为了下一步做打算呢，对吧？可是，我每次弄鱼的时候，你都讽刺我，还跟我姐告状——"又弄那些东西呢，就知道玩"。谁可能……什么呀……一说话一个想法，立马就能行动，就能做事？前期准备，特别是自身的那个能力、斗争跟准备需要多少，你知道吗？你去问问哪个现代城市的人……

母亲：你都准备10年了！

小金：我真准备10年了吗？

母亲：可不10年了吗！

小金：放屁！你们太难缠，太胡搅蛮缠！

母亲：你先上着班，一边上班一边干。

小金：我上班不对，对我来说不对，以我现在的素质不对（同时在桌面上摔打筷子）！

旁白：这样的争吵几乎每天都会上演。而小金对父母更是出言不逊。

小金：你们现在不仅不想让我说话，除了用数字压我之外，内在的东西你全不看——我的事实，我的体会；然后就说我个人找理由。

我不知道大家第一次看到扯开喉咙吵架的这个片段，感觉如何。我的下意识反应是"怎么可以这样对父母说话"。

本期节目的标题是《理直气壮的啃老女儿》。这个标题是有价值取向的，或者说当我们看到这些文字的时候，一定会做出价值判断。说得直白一点，啃老肯定是不对的，理直气壮更不对，对父母如此咄咄逼人、出言不逊更过分。这是一种普世价值观。

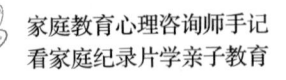

小金说自己并非不愿意出去打工，曾经她也有工作，她向记者诉说了自己不能出去打工的种种原因。

小金：毕业以后第一份工作期货（只干了一个月），是那个期货公司的一个销售。到那以后就蒙了，说不出来，嘴巴说话都发颤，然后那个词磕巴，就这种状态。

旁白：小金说这份工作之所以干不下去，是因为自己患上了严重的社交恐惧症。那个时候只要看到人，就头脑紧张、发蒙，就更别提说话了。对于这样一份需要经常和人打交道的工作，小金觉得自己实在不擅长。她还是想找一份和自己专业相关的工作，既可以取长补短，又可以学以致用。

听起来似乎很有道理，也在很积极地想办法。

旁白：随后，没过多久，小金在姐姐的帮助下，找到了一份在广告公司的工作，可这回让家人没想到的是，小金却频频和老板发生冲突。

其实看到这里我就明白了。小金真的患有"社交恐惧症"吗？她不工作真的是因为"社交恐惧症"吗？显然不是。"社交恐惧症"是她合理化自己行为的一个下意识的借口

第三章 纪录片《理直气壮的啃老女儿》解析

而已,但她对此深信不疑。

人会用已知的知识去解释发生在自己身上的所有现象。所以,小金坚定地认为自己患有严重的"社交恐惧症",并不是故意找借口,但这是她下意识为自己找的理由。她确实曾经有过紧张和磕巴的经历,可那又如何呢?刚参加工作,有这样的表现是很正常的,特别是初次做销售,紧张到浑身发抖是十分常见的现象。

而小金却把它归因于"社交恐惧症",特别是学习了心理学之后,就更理所当然地这么认为了,甚至认为这都是由于父母对她的不支持、否定等导致的。于是理由越找越多,越找越证明了自己不出去工作的合理性。所以,退缩才是问题,为退缩找借口的习惯更是问题。特别是认为一切都是别人的错的信念,才是最大的麻烦,这一点在她接下来的这段话中暴露无遗。

小金边哭边流畅地和主持人讲述她过往的经历:我打了半天(磕巴)说不清楚啊!结巴,比结巴还结巴,整得那个男的看着我都笑,大闺女说话都说不清楚。

事实上,面对记者,小金讲话并不结巴。如果注意她的微表情,你会发现她是在得意地描述她口中的"社交恐惧

099

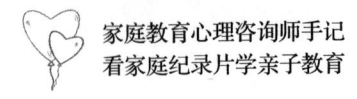

症"。小金需要这个"社交恐惧症",否则她如何面对自己逃避的真相呢?

旁白:说不出话,对于刚毕业,想闯出自己一片天地的小金来说,那次经历,给她留下刻骨铭心的记忆。

这样的经历对于小金来说,确实是刻骨铭心的记忆,但其根本原因很可能是她从小没经历过什么风雨,没经历过什么挫折。

小金还和老板频频发生冲突。

第三章 纪录片《理直气壮的啃老女儿》解析

小金：我说不知道怎么，经常遇到这样的人（指自己遇人不淑），太搞笑。你说老板，他那个空间挺大，工作室空间挺大，小公司，然后不得墩地吗？每天早起，它只有一个墩布，是前一天涮干净后，第二天墩。因为他那个墩布微湿，墩起来地面是干净的，不是好多水吗？然后那天赶上我墩地了，我就墩了，墩的时候前面墩得很干净，因为墩布是干净的，往后越来越脏，越来越脏。然后老板来了就挑剔我："你墩的啥地呀？怎么这么脏呀！"道理多明显啊，它就那么一小墩布，前面墩得当然干净了，你墩布是干净的呀，你后面越墩越脏，是你墩布越墩越脏。

这一段话，逻辑清楚，表述流畅。据此，大家还能相信小金有社交恐惧症吗？

有些人喜欢找一堆心理症状给自己贴标签，这几乎等于"免死金牌"了。"因为我有……（各种心理症状的名词），所以我不能工作，不能上学。"

小金墩个地都能和老板吵起来，认为老板故意找茬，为难自己。以这样的性格，她去任何公司，与任何领导，都很难相处融洽。越是这样，她越是会认为，大家都在挑剔她、为难她，是别人有问题，而不是自己没做好。

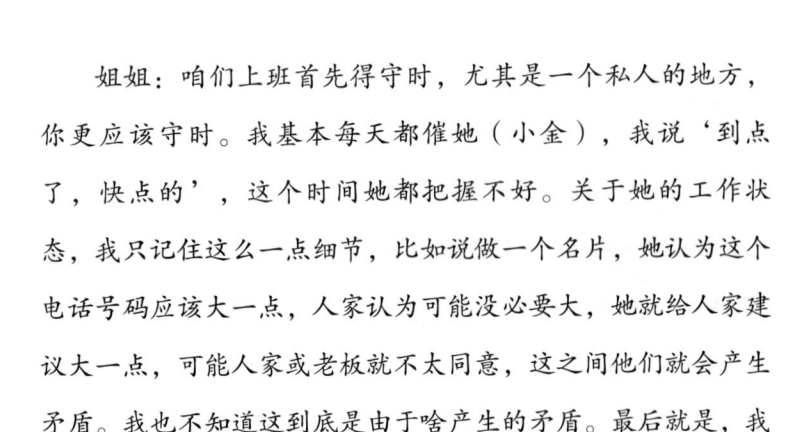

姐姐：咱们上班首先得守时，尤其是一个私人的地方，你更应该守时。我基本每天都催她（小金），我说'到点了，快点的'，这个时间她都把握不好。关于她的工作状态，我只记住这么一点细节，比如说做一个名片，她认为这个电话号码应该大一点，人家认为可能没必要大，她就给人家建议大一点，可能人家或老板就不太同意，这之间他们就会产生矛盾。我也不知道这到底是由于啥产生的矛盾。最后就是，我感觉是人家把她辞退了。

根据姐姐的描述，小金每天上班连守时都做不到，还得姐姐催她；做名片，老板要求这样，她建议那样，这都会和老板产生矛盾。

到这里，问题已经很清楚了。我不认为她有什么心理问题，她就是因为缺失了管教而自我合理化出了一堆心理问题。如果在社会上，大家一定会认为她缺少教养。父母的过失就是没有把小金管教好，不仅没有让她学会做事情，甚至没有让她学会基本的礼貌，导致别人顺她意的时候她有礼貌，不顺她意的时候她就会出言不逊。

心理咨询产生成效是有前提条件的，就是来访者愿意为自己的行为负责，愿意看清自己的责任，并且能配合咨询师修正自己的问题。而小金只是想证明父母错了、别人错了，所以严格意义上的心理咨询（或疗愈）是做不了的。因为咨询师和她根本不能形成合力，去对治她的问题。

　　妈妈：考的心理三级还是几级咨询师资格证，考了个这样的证，从那压根就没（动窝儿）过。

　　姐姐：她以前上过的一个学校，总跟着去听课，人家还叫过她，叫她去那上班，她不去。她的理由是什么，她说"我这个还没学成呢，我不能耽误人家，不能害人家"，就是这样。

　　妈妈：我说你当咨询师不够格，你给人家打工去，端个茶倒个水的，扫扫地啥的，你也学点经验。她也不去。

　　小金考了心理咨询师证，这也恰恰说明了一个事实：知识并不能直接转化为解决问题的能力。特别是解决自己身上的问题的能力强弱，和知识的多寡是无关的。

　　旁白：父母说每天看着小金，他们就寝食难安，四处帮助小金打听工作机会。可是，不管什么样的工作，小金连试都不试，就找出一堆理由来拒绝。一晃十年过去了，所有的办法都用尽了，小金还是不为所动。

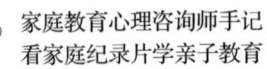

越是陷入问题的家庭,越会这样解决问题,也就是拼命地"帮孩子"解决问题。

其实他们家的问题很简单,就是父母拧不过孩子,而孩子却总能牵着父母的鼻子走。如果父母拧不过孩子,就会被孩子牵着团团转。父母想尽办法去适应孩子,只要她有一点点意愿,就去帮她。比如,小金要画画,但自己不挪窝,父母就四处帮她找学校。任何事情,只要小金表现出一点点意愿,父母就愿意为她赴汤蹈火。其实,几乎所有的问题家庭都有这个毛病。

我会告诉这些父母:你不要被孩子抓住"牛鼻子",而是要去抓住孩子的"牛鼻子"。只有把彼此的"牛鼻子"找出来,事情才会有变化。找出自己的"牛鼻子"以防止被孩子控制,找出孩子的"牛鼻子"就可以有效推动孩子前进了。而找出彼此"牛鼻子"的过程属于专业指导的工作了,实际上并不容易。

一般家庭里,父母是能够主导孩子的。越是对家庭有控制力的父母,恰恰越懂得尊重孩子,而在这样家庭里长大的孩子,通常也更有自制力,有责任心。而不能主导孩子的父母,则很容易把对孩子的尊重,发展成对孩子的放纵,从而导致孩子任性妄为。

旁白:去年过完春节,为了将小金逼出家门,一气之下，父亲将小金的被褥全扔了出去。

父亲被逼得走投无路，终于发现再也不能相信小金说的话了，只能自己想办法去逼小金改变。大多数家庭在这时才开始四处求助。父母死心了，其实是好事。因为只有父母死心，我们才有机会教给他们用新的方式来克制孩子，否则，他们还会不停地为孩子退让。

对于小金，终究是父母做太多了。事实上，父母做得太多，孩子反倒会觉得父母做得太少，乃至虐待她了，亏欠她了。小金就是这样的。在这10分钟的片子里，我们发现她的父母和姐姐为她做了很多。但小金还是觉得家人做得不够，对她支持不够，关心不够。小金问题的根源在于父母为她做得太多，多到她从来都认为被给予是理所当然的，被理解是必需的。

她站在这个角度去看父母，一定会认为父母全身都是毛病——如果要在一对普通的农村父母身上找毛病，那是比较容易的。

小金：我说为啥啃老族那么多，它是有原因的。

妈妈对记者说：她说这就是啃老族的年代，我说啃老族人家爸妈吃劳保有的是钱，我们这你有啥啃头？

小金对记者说：他们说我净花他们的钱，怎么怎么样的。然后我去跟他们分析说，长大以后自己没有独立工作，现在有个名称叫啃老族。我说为啥会有这个名称出来呀？是因为现在有很多这样的人，这是个社会现象。这个现象产生是有原因的。

小金把自己啃老的行为上升为一种社会现象，似乎只要成为社会现象，她的行为就是合理的，她就应该被原谅、被理解、被接纳。

旁白：一个33岁的大姑娘，毕业十年不去工作，还要靠父母养着，她不但不为自己感到羞愧，竟然还如此理直气壮。

小金：生我，就得养我。

她有一整套的逻辑来为自己的行为辩护，要想从根本上改变小金，就要击破她的这套逻辑。

但是，小金总是试图控制周围的人。只要进行对话，就要顺着她的思路。如果别人试图主导话题，她就会打断，重新将谈话思路拉回自己的控制范围。

小金：主持人老师不对，这不对，我们按照程序来走，程序不对，程序有问题。

只要不顺着她，就是不对的——这不就是一个被惯坏的"巨婴"吗？所有人都得认同她的逻辑："首先我那个时候已经出问题了，社交恐惧症、强迫症"，所以，你们所有人都得同理我这个问题，不认同我这个问题，就都不对。她会一遍一遍地说服所有人，去认同她的这个"社交恐惧症"。

小金：就是压抑，感觉特别压抑，想做什么事都会被否定，有什么想法也都会被否定。自己不能把控自己，都是被控制的。做这个也不对，做那个也不对。

主持人：被谁控制？

小金：被我父母他们。小时候被控制，她（小金自己）没长起来，大了还是那回事：你心理年龄都没长起来呀！在演播室的时候，他们都说我像十几岁的小孩。为什么呀？是没长起来呗！

到这里，小金开始"编故事"了，当然不是她有意说谎，而是她的内在思维逻辑就是这样归因的，所以她必然往这个方向去寻找原因。如果大家留心会发现，说到这段的时候，她的下意识反应是得意的。

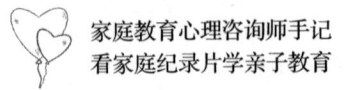

小金：为啥没长起来？给的东西不够呗！咱们做心理节目的，都在讲内在成长是吧，心理成长。可我心理成长，压根就没有成长起来。

她的意思就是：因为我心理没成长起来，所以啃老不是我的错，你们得理解我，得支持我，支持到我成长起来为止。这不就是典型的"我弱我有理"吗？

主持人：我明白了，就是包括父母家人都觉得，你看你长大了嘛，对不对？大学毕业了应该找工作了，你应该像一个普通人一样，正常人这样去走。但是那时候你却感觉，其实你虽然人长大了，23岁了，但其实你的心智还很弱，你不具备那样的能力，没法去工作。

主持人知道小金已经在对抗了，所以就缓和一下，先顺着小金的话头，同理她。大家要注意，主持人同理小金的话，是为了避免和小金争吵而不得不说的，否则小金就会越吵越厉害。

小金：我有我选择的工作，我想要做的工作，他们不支持。
主持人：你想做什么工作？

小金：我想做的工作太多了，我都说过了，而且还想做些生意，等等。

大家注意，主持人被小金带到自己想要的话题上了。

小金：我想成为我想成为的人，我心里都有打算。我选择每份工作的时候都有想法的。

主持人：那你现在是什么打算？

小金：现在啊，突然一问我，我又说不出来了。

被主持人问到具体打算时，小金懵了，因为她从来没有真正的打算。面对主持人的这种问法，稍微有点理性的人都会感觉相当窘迫的。而小金回答不上来，就立刻开启耍赖的模式：不是自己的话语、逻辑有漏洞，而是你问得不对。

小金：现在啊，突然一问我，我又说不出来了。

主持人：你不是说你一直在想吗？你有一个打算，是什么？

小金：一直在想，可是你看……额，主持人老师，我就直接提出来，你这个问法就不对了，你好像不懂得人的心理状态。

主持人：那我该怎么问呢？

小金：我现在处于心理状态就是什么呀，调理这个问题，然后那些东西搁置一边了。然后突然让我去掏这个，就好像有东西满满的，乱七八糟掺和在一块。或者即便不乱，你让我突然找那个（我的打算），去哪儿找去？拿不出来的。只有说着说着，突然提起某件事来，才能把那个东西给拿出来。

主持人：等于你的意思是，我的这个问话打乱了你的思路？

小金：也不是思路，你是突然间地提出来。

主持人：我没有突然间，你自己说的，你说"我其实知道我自己想干吗"，所以我就顺着你说"那是干吗呢"。

小金：我都不知道从哪说起……

她条件反射般地指责别人，把锅甩给别人。所以，她根本不可能在关系中顾及他人的感受：既不管自己有没有尊严，也不管别人怎么看她，反正都是别人不对，不顺着她就是不对的。

主持人：你是在跟我说话吗？还是在表达你的情绪，还是你对我很不满？

主持人试图引发她思考，但显然小金听不懂别人的意图。主持人的这种质疑，对于大多数人来说，会有棒喝作用，会让他们自觉收敛，但对于小金完全无效。

主持人：你想知道我的感觉吗？
小金：可以。
主持人：我对你，我也觉得不舒服。
小金：这就是我的一个症状表现呢，心理专家应该看出来了。

她认为，自己有病，就可以肆意地攻击别人。这种逻辑是不对的。

主持人：十年间都是这样子吗？
妈妈：可不，天天打（起冲突）。

整整十年，小金每天与父母吵架，而妈妈已经完全适应了这种交流模式，或者说整个家庭对于这样的交流模式早已无感了。也因为无感了，所以不会从这里去解决问题。这就是为什么我一般要求来咨询的父母回家以后先"闭嘴"，目的就是让他们暂停平时习惯的互动模式。当然，在这个过程中父母会非常难受，但也必须让他们难受。因为人只有难受了，才有机会发现自己平时的行为模式只是在发泄情绪，完全不能解决问题。

观察员：别人说话，你能先不插话吗？

小金：作为观察员，你应该平静看待问题。可是你自己本身就没有做到，你上来就跟我发脾气。

只允许自己四处攻击，随意发泄愤怒，却不允许别人不平静。这种人格就是典型的"只许州官放火，不许百姓点灯"。

下面这段话其实很有力，大家仔细看。

心理专家：我倒是能理解小金现在的心情，就是说她心里是有诉求的，程老师你没有去体会。

观察员：现在就是都理解她，理解得太多了。33岁，我还拿你当孩子哄，我理解你？还有一个，你学了点儿心理学，你看了点东西，就"这个不对，那个不对"。

小金：你不懂心理学，我想让你出去。

其实心理学行业恰恰需要像观察员这样的一声怒吼。得喝止住她，不能让她肆意发泄情绪，不尊重别人。

观察员：谁让我出去？

小金：我让你出去！

观察员这个态度是对的。但在演播现场，为了不影响节目录制，观察员也只能咽下这口气。这恰恰是大部分心理咨询师的致命缺陷，怕来访者对自己不满。因此目前这样的人格就能一直肆无忌惮，因为大家都有顾忌，都不想砸场，也就被小金拿捏得死死的。最后，想帮她的人都只能迁就她；不想帮她的人，自然对她避而远之。所以，她永远不可能改变。

而对付小金这样的人格，需要的就是一个敢于怒吼、不怕砸场的咨询师，只有敢一次又一次地和她对抗，并且把她的气焰打压下去，才能真正帮到她。

世间所有想要改变的人，只有真正认识到自己是有问题的，自己去争取、去努力、去创造，这个改变才会真正发生。

小结

本节借助纪录片中呈现的小金的行为模式，剖析其背后的思维逻辑和形成原因，总结了父母需要思考的几个问题。

（1）看完节目后，内心的感受是什么？是觉得这个孩子怎么可以如此，还是理解和支持这个孩子？

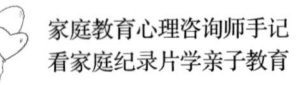

（2）孩子的各种人际问题的真相是什么？是真的社交恐惧症，还是她退缩的合理化借口？是缺了教养，还是心理问题？只有先弄清楚这些问题，才能确保协助孩子的方向是对的。

（3）啃老，或者有类似问题的家庭，普遍的相处模式是怎样的？是否父母总拧不过孩子，为孩子做得太多，而孩子却总能牵着父母的鼻子走？

（4）从小金在节目现场的互动来看，啃老孩子的行为模式是怎样的？为何常规心理咨询的思路无法协助她？咨询师需要具备什么样的素养，才有帮到她的可能？

第三章
纪录片《理直气壮的啃老女儿》解析

啃老问题的解决途径

> 上一节着重分析了小金为何会啃老，又是什么理由支撑她啃得如此理直气壮。本节将借助纪录片内容，剖析小金啃老问题的解决方案。

啃老家庭背后往往有一个爱唠叨的、看起来很强势的妈妈和一个不爱说话、无法做主的爸爸。本质上就是这个家庭既没有根，又没能形成合力。

115

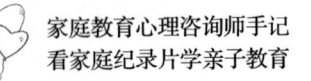

小金和妈妈吵架，说自己不是不出去工作。

小金：你知不知道啊？我没打工去？我都上哪儿上了几天班了？

小金总是能够抓住对方字面上的漏洞来进行反驳。事实上，十年里她工作加起来还不到半年。

如果从家庭关系的角度去分析，她的咄咄逼人才是问题。那又是什么导致她如此咄咄逼人？是妈妈一直不受控地用语言去刺激她。妈妈一直用语言轰炸的方式，试图让女儿改变，这是无效的，同时也表示妈妈放弃了身为母亲的尊严，这和《逆子》中的泽清妈妈一样。面对这样的妈妈，男孩子会动手打妈妈，女孩则会和妈妈争吵。

小金：我们家啊，就是一个集体……咱们家应该把力量集中起来，向外冲，团结起来把事做好，咱们家才能发展好啊！但是你绝对不能像他们说的——"你去啊，你个人去啊"，也不能像我爸说的那样——"我不管了，别找我"。不能这样吧，这把我孤立了呀，我单枪匹马我能做啥？

我们听话要听音，其实她一直在说："我心理有问题

第三章
纪录片《理直气壮的啃老女儿》解析

啊,我跨不出去,我没有能力啊!"

而这些话也代表她在试图主导这个家。

这也就是我在上文多次讲到的"弱者的控制"。她试图让这个家按照她的愿望去运行,这是小金一直以来的幻觉。小金为何会有这个幻觉?因为在这个家庭中,她这么做总会有效,所以她这个行为自然不会改变。而要打破她的这个幻觉,就得让她的控制行为一次又一次地失效。这个过程是很费时间的,需要以年为单位来完成。

上一节我已经说了,小金的问题根本不是她曾经是否受到过心理伤害,实际上小金并没有心理问题。只是她被父母给予太多之后,形成了"你们给得还不够多""你们应该给我更多""你们应该对我更好"的感受,而这些执念才是她不停地埋怨父母,乃至利用心理学的理论来控诉父母的主因。

俗话说"惯子如杀子",惯,恰恰是给予太多了。当然这个"给太多"是根据每个家庭的实际情况而言的,并没有统一标准。小金的父母作为收入不高的普通农民,做到这样,就是给予太多了。

旁白:小金说她之所以不出去工作,一是得不到家人的支持,二是她有自己的难言之隐。

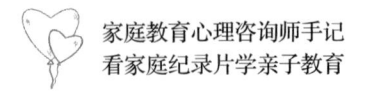

小金所说的"难言之隐",无非是指心理问题——这是她给自己找的理由。人一旦有了理由,说"我得先面对这个问题,才能去工作",那就有问题了。正确的做法是,好好工作,在工作中遇到什么问题,就解决什么问题。

正如我一直强调的,成长中的问题要在成长中解决,人不能停下来专门解决心理问题,如果是这样,那就是自找麻烦。因为人会自我暗示,你的每一个行为都在暗示着你是谁,你是什么样的。而人停下来治"病",恰恰在不停地暗示"我是有病的",而这才是麻烦之所在,这也是小金长期走不出去的原因之一。

为人处世的能力,都是在实际生活中锻炼出来的。比如,我从小就不擅长在人前讲话,更不用说在讲台上讲话了。所以,我在读书的时候,几乎从来不上台发言。这也可以说是"社交恐惧症",但那又如何?当工作需要的时候,再害怕也得上。以前在开工作坊前,我会紧张到在酒店里呕吐,那又如何呢?还得上去,吐完再上呗,如此能力就慢慢地练出来了。而这才是成长的真相。

现在很多机构和老师的理念是:孩子有心理问题了,就要停下来休养,特别是脱离关系(社会支持)去休养。这是要谨慎的!当一个人有理由退缩的时候,他很大可能选择退缩。

第三章
纪录片《理直气壮的啃老女儿》解析

小金：我说妈，咱们在那（村口）一角，就是小学附近，咱们盖个超市吧！咱们这么大的庄，然后买东西都得赶集市买去，办个超市肯定好。然后你猜我妈说什么，她说"谁上你这儿买来呀，人家谁不是赶集买去，人家谁不上那个小贩买东西去"。这是你原话吧？

母亲：我是说过呀！

小金：对吧，对吧？是你眼光看不好吧！

母亲：我看不好，你看好了，你没有实现。你可以干别的，你家经济条件不够，你还没有地方。人家都盖地方的，你还没拿下地址，你没有钱你就干？

旁白：对于小金的这个建议，母亲说她确实考虑过，但是一想到家里的实际情况，她还是放弃了。家里经济困难，根本拿不出那么多钱。事情过去这么多年了，小金还是对这件事耿耿于怀。

小金只是提了个建议，就要求父母替她去实现。父母做不到，她居然还恨了那么久。

而她父母根本没有意识到，小金这种张口就要父母为她做这做那的德行才是最恶劣的。小金一直理直气壮地认为：都是你们不帮我，不支持我！我有那么多好的想法，我那么聪明，都被你们拖后腿了！是你们害我成为笑话的。

119

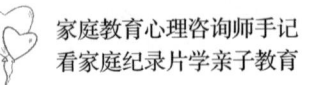

其实在我们农村，父母通常会直接告诉孩子："娃啊，咱们家就这么穷，家里你是指望不上的，你只有自己努力了！"或者说："孩子呀，你要好好努力，家里就指望你了！"

之所以说穷人的孩子早当家，就是因为这样的孩子通常认为：我的家这么穷，我没有依靠，要想改变命运就得自己努力。所以，他会让自己变得很有担当，更不会有"父母为我做得不够"的这种受害者观念。

总想帮孩子的父母，总觉得对孩子亏欠的父母，很难培养出明事理的孩子。

旁白：她说这件事情是证明自己能力的证据，证明自己十年来并不是游手好闲什么也没做。如果当年超市开了，不但帮助家里解决了经济困难，自己现在也不至于没有工作。

在她的幻想中，她是非常强大的，她的计划是完美的。她随便点拨几句就能解决家里的经济困难。之所以会产生这样的幻觉，是因为她从来没有踏踏实实地做过事情。

休学和啃老的孩子，基本上都有小金的这些毛病。毕竟他们比父母上网的时间多，会看各种资讯，所以会误以为自己懂得很多道理，自己很有能力、很强大。

第三章
纪录片《理直气壮的啃老女儿》解析

我儿子看恐龙书入迷,想象自己是一只凶猛的霸王龙。但是一看到小狗,就吓得赶紧躲到妈妈背后——与此是一样的道理。

妈妈:她说她过去的事儿,她的说法就是这样的,就是总拿着一小点事说事儿——"我就让你们开小卖部,你不开;让你烧烤,你不弄;我没上班(但)我出好招了,让你挣钱,你们不挣。你们受苦活该,受罪活该。"

从妈妈的话中可以看出,小金之所以总说这些事情,其实是因为父母也认为小金很厉害,只是父母无能,没有帮她实现目标。为何小金能啃老十年?因为父母潜意识里也认为小金很有能力,只是不愿意走出去,她只要愿意出去就一定能做好工作。而小金之所以有这种典型的巨婴思维,根源就在这里。

婴儿是什么样的呢?只要我哭,父母就会送饭给我吃;只要我哭,父母就会给我换衣服;只要我哭,父母就会给我端屎端尿。我用哭声就可以控制这个世界。

巨婴也是如此,觉得自己可以指挥一切,只要提出要求,就得有人满足他/她。

小金也是这样,她觉得她的头脑发达,嘴巴厉害,可以

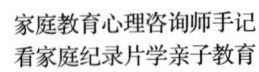

指挥父母做任何事情。父母不去支持，不去做，那就是父母的错。

旁白：如今看着小金，父母已无计可施，尤其是父亲，想到小金他就满是遗憾，因为他曾经把整个人生的希望都寄托在小金身上。

小金出生前，父亲在粮场工作，按照当时的国家计划生育政策，一个家庭只能生一个孩子，那时候他们已经有一个女儿了，但他们还是坚持生下了小金。父亲也因此失去了工作，回家农务。

很长一段时间他都生活在抱怨之中：就是因为她，我的工作丢了，邻居对我的眼光都变了，我心里也是有些不好受。她妈妈挺犟，她还不认错，我这个老伴始终没认过错。

这对夫妻也是有问题的。事情过去这么多年，父亲依然耿耿于怀。因为他很可能是把自己未实现的读书梦想强加在了小金身上，在养育过程中比较关注小金的学习成绩，而不注重对小金品格和能力的培养，这种情况在我接待的休学家庭中比比皆是。

如果是我来处理，我希望是小金个人前来找我咨询，父母就不用过来了。因为这对老夫妻已经年逾古稀，学习能

第三章
纪录片《理直气壮的啃老女儿》解析

力、记忆力和觉察能力都趋于弱化，而且他们目前的诉求都是正常的，不该苛求他们改变。更重要的是，如果当事人没什么改变意愿，心理咨询师是做不了什么的。

而实际上，就算小金来咨询，调整的难度也是极大的。正如上一节呈现的，她随时随地都可能和心理咨询师吵起来，只要不按她思路走，她就会立刻指责对方。而心理咨询师如果无法引导来访者对自我行为进行反思，来访者实际上是不可能改变的。

所以，本案例调整难度极大，因为来访者随时可能摔门而去，中止咨询。

旁白：从小金出生起，他（小金父亲）就在心底暗暗地发誓，将来一定要把自己的女儿培养成才。为了让小金考上本科，有个好的未来，他要求小金高三复读了三年。

复读三年，最后只考上一个专科学校。更让父亲想不到的是，毕业后小金又不愿意出门工作，甚至还把原因都归结在父母身上。

父母望子成龙、望女成凤的心理无可厚非，每个父母都只能按照自己理解的成才之路来培养自己的孩子。但如果完全忽略品格和其他能力的培养，就会养出问题孩子。

旁白：小金的房间井然有序，一尘不染，所有的东西排列得整整齐齐，没有一丝杂乱，还养了很多植物，房间里呈现出来的一切，让我们很难将房间的主人和那个咄咄逼人、出言不逊的女孩联系到一起。

虽然小金把自己的房间整理得干净整洁，但这并不能表明她就是一个有能力的人。换言之，这可能只是她塑造心理优势的一种方式。事实上，除了整理自己的房间，她并没有帮助

第三章 纪录片《理直气壮的啃老女儿》解析

父母分担任何家务。

旁白：那么她究竟是一个怎么样的女孩呢？为什么会有这样的反差呢？

小金：小时候我做饭，我自己不敢做主咋做饭，做成啥样的。你知道为啥吗？假如说我自己做饭了，我做着呢，来一个人："你搁水咋搁那么多呀？"他认为搁得多，指责你，说你这饭咋做的呀？指责你、说你，就那样说你。然后任何一个人——我姐、我爸、我妈，任何一个人都是这样的，只要是你自作主张做的，无论好与坏都是说你。

旁白：小金说，从小到大，她从来没有被父母鼓励和夸奖过，都在否定和打击。时间久了，这让她觉得越来越压抑。

这样探讨小金的原生家庭，程序上是正确的。但一定要记得，这只是从小金的角度去描述。而根据我们上一节对小金的观察，发现她对事物的认知有很大的偏差。而人会因为自己的偏差，而选择性地调取记忆。

小金：我在上初中的时候，我特别喜欢科学、发明设计。然后我设计一些运动鞋，还设计一些服装，等等。我觉

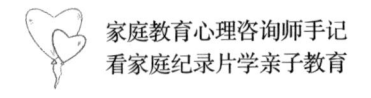

得很漂亮，然后我就给我妈看。我妈看了一眼以后，撇着嘴说："你弄这干啥呀，有啥用啊。"我说："你看我这画的服装好看吧？"我妈说："谁穿啊？有人穿吗？这啥衣服呀！"

小金讲述她中学时设计滑冰鞋，被妈妈否定的事件。她心中充满怨恨，是对父母抹杀自己梦想的怨恨。现在，心理学和心理咨询好像成了某些人控诉和控制父母的理论依据。实际上，探讨原生家庭的目的是修正自己，是从父母身上吸取经验教训，从而让自己变得更好；而绝不是把自己的问题都归咎到原生家庭，逼着父母去改变，自己的责任却从来不担起。

小金：哪怕是简单说"我看看，确实挺好，不错。行，你先放着，妈妈好好看，你先写作业去"，这样说也行啊，对吧？也不用那样伤害我吧！她尊重我吗？对于一个孩子也不能这样说话啊！

她一直在要求父母，却从来不要求自己，这才是问题。
母亲采用同样的教育方式，大女儿乖巧懂事，二女儿小金却游手好闲、咄咄逼人。两个女儿却完全不同，她想不明白。父母用同样的教育方式对待两个女儿，却产生了截然不同的两种结果，这是为什么？因为父母对大女儿没有太多期待，没有寄托太多希望。所以父母没有为大女儿做过太多事情，家里的资源也没有过多地向大女儿倾斜。恰恰是因为这样，大女儿和父母同样劳动，吃和父母同样的苦，所以她能体谅父母的不容易，自然对待父母就会很宽容、理解。

这是我们中国比较常见的现象：老大通常不受宠，不会被给予太多，反而会健康成长；最小的孩子一般都比较受宠，容易被溺爱，被过度满足，导致能力不足且形成索取无度的个性。

主持人：但是你不对呀，听起来你是理亏的啊！你想，你都33岁了，这个年龄早该嫁人了吧，早该当妈妈了吧，有一份工作是最起码的了。现在你什么都没有啊，你是待在家里啃老啊，怎么成了你还理直气壮了呢？

小金：表面道理是这样，实际上在成长过程当中，我从小到现在他们给予我的内在能量，还有那个爱的关怀、爱的支持几乎都没有。而且还有，就是我内心因为从小爸妈贬低我，说我"垃圾""白眼狼"等，各种侮辱我的词都用在我身上；说什么别人多好多好，把别人弄得高大，把我弄得特别渺小。有时候我都感觉，我像地上的爬虫……

一遭受否定，就立刻把责任甩向别人，为自己开脱，这就是"我弱我有理"。她只负责为自己找借口。小金的问题是，她根本听不进别人的观点，她不会去体会别人试图让她明白什么。所以，她的思维一直在自己构建的逻辑圈里打转，根本转不出来。

主持人：是不是这样，就是当你觉得你要找工作，你要跟外部的人打交道的时候，你在这个过程当中，一遇到困难什么的，你马上就觉得"我做不好"，然后"我为什么做不好，你看我从小被我爸妈否定"……你每次都是这样一个连锁反应？

主持人试图让小金看见自己的连锁反应，也就是条件反射式的受害者情结。

小金回复主持人：这本来就是根源呀！

小金：我是为了要把自己调整好，改善好，去挖这个病根，像治病一样，中医治病一样。你得找到病根，找到病根以后，把这个问题搞清楚，把这个原理搞清楚，才能自我提高，我就是（正在做）这个东西。我为啥现在能够和你正常交流，是因为我找到病根以后，自我疗愈好的。我就跟我爸妈说，我长三寸，你们就给我打下去两寸，特别艰难的成长。

这个逻辑是不是听起来特别有道理？有多少父母都是被这样的道理给说服了？于是认为，为人父母，千万不要去打压孩子，孩子好不容易成长那么一点点，你看你又给她打压下去了。

把问题归咎于原生家庭，指责父母，在初期看起来是容易的，孩子自己也是轻松的，但代价其实是巨大的。因为把解决问题的希望寄托在别人身上，最终的结果就是自己越来越没有价值。而人如果没有了价值，那么不快乐几乎是必然的结果。所以，爱抱怨的人，生活是注定不会幸福快乐的。

主持人：当很多人都在谋生，找一个生存之路的时候，你当时是在寻求自我成长之路，心理成长。

小金：对，自我疗愈。我已经受伤了。

许多人不进行心理咨询还好，一咨询起来就没完没了，"不是在咨询，就是在咨询的路上"。

作为心理学从业者，这些年我见过太多这样的现象了，我们称之为"课虫"或"专业个案"。只要有点名气的课堂，都会看到这同一波人。而实际上，对"课虫"和"专业个案"最有效的方法,就是阻断他们的受害心理,不让他们陈述自己的受害经历,因为不停地陈述只会不停地强化。只能允许他们说行动的经历,教他们去助人,而不能允许他们去求助。

主持人应该也警觉地意识到了小金的逃避,所以试图让她看到问题所在。但显然小金没有接招,没有顺着主持人的思路去反思。

小金希望得到理解,这还是从受害者的角度出发去考虑的。但是真正走入社会,我们不能强求别人给予理解;相反,还要主动去理解别人,这样才能与人建立更加和谐的关系。但显然,小金目前并不具备这个能力,而这正是她需要补上的功课。

根据整个纪录片来看,小金咄咄逼人,内心是一个不曾长大的小孩,更是一个对母亲出言不逊的女儿。

虽然她有求助意愿,但她的求助意愿是非常不合理的,甚至可以说是错误的,她对父母的控诉实际上是退行的行为表现。

由于她懂一些心理学,也懂得原生家庭的伤害,所以她求助的目的,是要父母承认伤害了她,父母得改变自己的行为,父母要以她想要的方式来爱她,如此她才能获得外出工作的动力。

简而言之，就是"我是巨婴我有理，我受伤害我有理，所以，你们的治疗也得按照我的方式来，就算我的方式是巨婴的方式，也得按照这个方式来"。

从访谈节目中，我们也可以看到小金对在场的专家、主持人、观察员，毫无尊重之意。但凡不认同她受害观念的，她都怒目相向。心理伤害成了小金对所有人愤怒以对、恶语相加的理由。

我一再强调，心理伤害确实是存在的，原生家庭对一个人的成长有非常大的影响。但我们去探索原生家庭，回顾心理伤害，有一个前提，那就是"我要为我的人生负责，而且我不再把改变的希望寄托于别人，不管这个别人是不是父母"。

探索原生家庭的伤害，疗愈过去的创伤，并不等于要对现实中已经年迈的父母进行控诉与鞭挞。

心理治疗的原理、原则，只适用于咨询室之内，甚至严格来说只适用于咨询师和当事人之间。任何有外人在的场合，就是社会了。在社会上就得遵守社会的规则与规矩，这是任何一个成年人都必须有的认知。

在咨询室里面，在我作为心理咨询师、你作为当事人，我们一对一进行咨询的时候，我自然会同理你所有的"伤痛"，会陪伴你走过所有的"不容易"，更会释放你的"愤怒"，接纳你所有的情绪，同时引领你去寻回曾经被压制的生

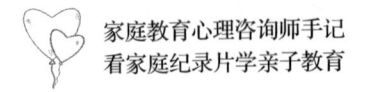

命力。但是，作为咨询师的我也一定会告诉你，现实的规则你得遵守，成长不是肆无忌惮，不是无限包容，更不是自我膨胀、自以为是，乃至狂妄自大。

作为当事人的你，得先学会尊重眼前的咨询师。如果你对咨询师都不尊重，那很抱歉，你要先学会这个功课。

实事求是地说，谁在成长的过程中没有受过伤害？谁家的父母是心理专家？或者说谁在成长过程中时刻都充满爱和自由？

我们都希望能有人永远爱我们，永远肯定我们、支持我们；在我们摔倒的时候及时扶起我们，慰藉我们，拥抱我们。这是我们童年的梦想，但现实不都是这样的。

这个世界是不完美的，有着如此多的问题，因为我们曾经缺失了这些，所以今天才知道拥有的可贵，才更加珍惜生命中能给我们这些品质的人。也正是因为我们曾经缺失过，所以今天才更要给予别人这些；而不是以成长的名义，依旧在索取，依旧在受害。

《孟子》中的这段话"故天将降大任于是人也，必先苦其心志，劳其筋骨，饿其体肤，空乏其身，行拂乱其所为，所以动心忍性，曾益其所不能"，今天读来依旧是成长的真理。

小结

本节对小金这个案例进行了完整的剖析,同时指出心理学学习和使用中常见的误区。心理学是成为一个人改造自我和世界的工具,还是逃避的理由,究竟取决于什么?这是每个关注心理学的读者都应该思考的问题。

本节要点有以下几项。

1.家庭序位问题

这个家无根,无主心骨。爸爸无力,妈妈唠叨,女儿试图控制这个家。

2.小金问题的本质

对父母不知感恩,只知索取,而非患有心理疾病。

3.解决之道

(1)针对她总试图控制这个家:要让她的控制一次一次地失效。

(2)针对她的逃避:她必须出去工作,然后遇到什么问题,解决什么问题。成长中的问题在成长中解决,而非停下来做心理治疗。

(3)针对她的受害者意识:不再允许其受害诉说,而是聚焦于她的行动、她要负的责任。

4.父母需要思考的问题

(1)"白眼狼"孩子是如何养成的?什么情况下,会使

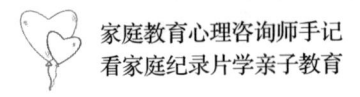

孩子产生"父母为我做得不够多"的受害者意识?

（2）片中小金的能力幻觉是如何产生的？父母在其中的作用是什么？

（3）小金的姐姐和小金成长于同样的家庭环境，为何两人截然不同？

第四章
纪录片《啃老儿子状告父母》解析

老匡的儿子今年29岁了，整天待在家里不出去。每次老匡催儿子出门找工作，得到的回答永远是"等等再说"，这成了老匡的心病。看到小匡打算把"啃老"坚持到底，老匡怒了，把小匡赶出了家门。被赶出家门的小匡也急了，到法院要起诉父母。

小匡小学没毕业，自然找不到脑力劳动的工作，但是又嫌体力活累，不愿意屈就。他觉得今日的难堪是因为自己"倒霉"。至于"啃老"，小匡认为生孩子就像赌博，父母生了能力有限的他，就应该愿赌服输，养着他，为他负责。

啃老思维是如何形成的

> 相对于上一个"啃老"案例，本章的案例看起来似乎更极端。
>
> 本章将借助案例，剖析以下问题：
>
> 小匡看似荒谬至极的言行，其底层的潜意识逻辑是怎样的？
>
> 小匡这样的潜意识逻辑是如何形成的，和从小到大父母对待他的方式有何关联？
>
> 阅读前请先观看纪录片《啃老儿子状告父母》。

匡家一无所有，没有文化、没有知识、没有财富、没有地位。老匡做苦力赚钱，其老婆生病在床，29岁的儿子小匡却无法自力更生，并且啃老啃得理直气壮。

虽然很多人会说"我的家庭情况不是这样的""我们家和他们不一样"，因而认为这部片子对自己没有参考价值。但实际上，我认为这个纪录片具有非常大的教育意义。这个家庭的情况或许比较极端，但正因如此，才更具有代表性和借鉴意义。

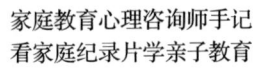

父亲：你在那里租房子多少钱一个月？

儿子：关你什么事？你是关心我还是怎么，你到底什么意思啊？

父亲：我做爸爸的问一下怎么了，你说给我听听。

儿子：你用刀砍我，赶都赶我走了。打我，把我当畜生。你还问这些话？我跟你是仇人，不是父子关系，你还这么问，那你不是心理有病啊？

第四章
纪录片《啃老儿子状告父母》解析

父亲：那我怎么问都不该问，我做爸爸的未必对你一点好处都没有，只有恨。

儿子：为我好你还拿刀砍我，差我的钱，把我的钱拿去赌博，全输光了。

父母永远会情不自禁地关心孩子，这是身为父母最大的软肋，也是所有啃老族有恃无恐的最根本原因。他们潜意识里知道，父母不会抛弃自己，也不敢抛弃自己，最终还是会对他们负责的。不论自己做了多少错事，父母最终都会心软，都会妥协，都会为自己收拾残局。

父母没有立场、没有底线、不分是非，对孩子极尽纵容、溺爱之能事。无论经济条件如何，这些父母都愿意无条件地养活孩子。正如老匡收入这么低，但他还是打算继续养着小匡，甚至做好了让小匡一直啃老的心理准备。孩子知道自己有退路，所以才会有恃无恐。

正因为老匡对小匡的爱过度了，所以才造成今天的局面，这和"升米恩，斗米仇"的心理是一样的。

当父母给孩子的爱多到被孩子视为理所当然时，孩子就离"白眼狼"不远了，父母和孩子之间就开始逐渐从亲人变成仇人的关系，这是人性使然。而这样的孩子并不知道自己是白眼狼，反倒认为是父母欠他的。

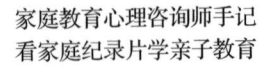

旁白：最近他（小匡）正打算将父母告上法庭，为什么告呢？

小匡：是因为他（小匡父亲）在我困难的时候，在我没有能力养活自己，不能自力更生，而且情况又很糟糕，很困难，很差，这时候落井下石地赶我出家门。

小匡讲话的时候，一直是有气无力的样子。他爸爸跟他说话、骂他，他仍是一副没精打采的样子。这说明他整个人失去了向上进取的生命力，自我价值感非常低，一直在给自己植入负面的心理暗示。

小匡为何要暗示自己"我很糟糕，很困难，很差"？其实道理很简单：这样说一定会让他有利益可得。一个行为，一定让人有受益之处，人才会不断地重复它。

第四章
纪录片《啃老儿子状告父母》解析

实际上，小匡的潜意识逻辑是这样的："我没有能力，我养活不了自己，我的情况很糟糕。所以，父母就得养活我，就得照顾。""父亲不照顾我，还赶我出去，那就是他不对。所以，我就得告他，让他继续养我。"

大家不要去嘲笑这个逻辑的漏洞。小匡只有小学文化，所以他的逻辑漏洞非常明显也不奇怪。但也因为这样，我们才有机会更清晰地研究、了解这类人格是如何形成的。

正所谓"言为心声"，事实上小匡是真的相信他这个逻辑是对的，是合理的。而我们要探讨的是，为何小匡会形成这样的思维逻辑，这才是问题所在。对应到他从小到大的成长经历，具体分析是什么样的家庭教育模式，给了他怎样的体验，以致形成他现在的认知。

小匡待在自己的世界里，拒绝跟任何人交流。那他为何会这样？因为这招在这个家里总是有效的。

父亲：你说我的心里好受吗？你现在一点事都做不了，你说叫我怎么办？

大家注意父亲的态度：小匡耳朵里塞着耳机，父亲却还在试图说他。而小匡呢，权当没有听到，对父亲的所有行为都置之不理，既看不起父亲，也懒得理他：反正你该养我还得养

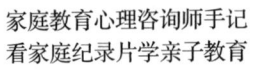

我，我该吃吃，该喝喝，生活照样很舒适。

小匡：搞得我累死了，睡觉了。

小匡这句话堪称"经典"，体现出他们家问题的根源。小匡永远可以用"不理不睬"的方式来对付父母，而父母永远对小匡无可奈何。他们就保持着这样一种畸形的状态。

小匡有一种典型的"弱者的优越感"：我懒得理你，你说你的，我走我的。我不和你吵，也不和你闹。你说多了，我就走开。我不会和你有任何交锋。我蜷缩在自己的壳里面，你就奈何不了我。

有一个词是专门形容这种现象的，叫"趴窝"。很多小

第四章
纪录片《啃老儿子状告父母》解析

孩就是这样,把自己关在房间里,而父母对他们无可奈何、束手无策。这样的孩子是在过一种低配的舒适生活:反正我总有吃的,也总有玩的,其他都无所谓。

大多数父母心中都有一些心灵坑洞,我称之为"牛鼻子"。而孩子总能迅速而准确地抓住父母的"牛鼻子",从而使父母不敢动弹分毫。

比如,有很多父母害怕孩子患上抑郁症,会自杀,孩子但凡表现出一点厌世的样子,父母就立刻被吓得不知所措。所以,心理学要在这里做功课,要协助父母找出自己心灵的坑洞,使自己的"牛鼻子"不再成为易被孩子控制的软肋。如此才能不受制于孩子,还能反制之。

而父母没有这些心灵坑洞的家庭,一般不会出现这样的状况。

就比如在我的原生家庭中,我是绝对不敢这样对父亲的。虽然在青春期最叛逆的那段时间,我也会回避和父亲的接触。但父亲一旦觉察到我的回避,就会迅速地突破我的舒适区,让我无处可逃。而这种突破的方式又是神不知鬼不觉的(绝非简单粗暴)。比如,父亲会故意把我从房间里叫出来,一家人一起玩扑克。我若不出来,他就自己去我的房间里和我聊天,而我总不能赶父亲出去啊!或者搞个家庭郊游、家庭聚会,我也不能拒绝啊!只要把孩子带离那个"窝",孩子

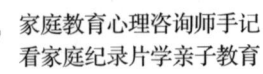

的稳定态就被打破了。

　　对付这些"熊孩子"，我常用的招数就是进入他一米范围内的安全空间。比如过去锤锤他的肩膀，或者摸摸他的头，和他握握手，总之就是用他无法拒绝的方式拉近和他的身体距离。而这样做，可以很快打破他内心的安全屏障，也就是保护壳。只要打破他的这个安全屏障，他就无法拒绝你了。然后再和他互动，他就不得不注视你了。由此，无效的交流状态就会被打破，而"弱者的优越感"也就无法保持了。

　　当然这些都是花招，我们要去思考问题的根源：为何熊孩子总能用"不理不睬"来对付父母？父母为何总是无可奈何、束手无策？以本案为例就是，老匡对小匡无可奈何，必须要找到这些症结，小匡低配的舒适生活才有可能被打破。而后，才有一点点改变的可能。

　　旁白：儿子29岁，却整日游手好闲，找工作总是干不了两天就不做了。老匡也是没有办法才把儿子赶出家门，希望可以用这种方法让儿子自立起来。

　　其实老匡把儿子赶出家门，心里也很不是滋味，但他觉得自己只有这么做才能逼迫儿子出去找工作。

　　老匡被逼急了，这样的处理方式是会有些作用的，至少

第四章
纪录片《啃老儿子状告父母》解析

他开始打破小匡的舒适状态,让小匡有了一些危机感。所以,小匡至少也动了一下。

但对于小匡这种已经严重趴窝的成年人,只是将其赶出家门,能有多少成效,是很难预计的,因为他永远能找到最低配的舒适生活。而老匡能够将这种"狠心"保持多久?小匡可能出去游荡个十天半月,就又回来了,或者回来表现得稍微积极一些,不那么懒惰了。老匡很可能就感到满意了,也不想再赶小匡出去了。

如果老匡真下定了决心,那小匡很可能成为一个"三和大神"(三和大神起源于深圳三和人才市场,后来慢慢成为指代靠打零工维持基本生活的人群的专用名词,打一天工玩三天是这群人所崇尚的生活方式)。

一般人会觉得他们的生活简直不可思议。而实际上,做"三和大神",对他们来说是舒服的,因为在这群人中间流行的是这样的价值观:"在三和,做'大神'并不是一件可耻的事,大家都差不多,不会遭到像老家人耻笑无业游民那样的嘲笑,也不会被其他人群当作反面教材。在三和做'大神',地为床,天为被,何其潇洒!这才是'大神'们真正想要的生活!"

因为这个家庭本身特有的局限性,依靠老匡是无法带领这个家突破自身困局的。如果没有完整的理论和科学的指

145

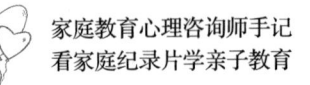

导，这个家庭几乎没有可能跳脱出这样的命运。

对于这样的家庭，防大于治，所以我们去了解它的形成原因更重要。

接下来，我们就根据小匡的各种奇谈怪论，去分析他每个观点背后的逻辑，以及逻辑形成的路径。

小匡：很多工作都不怎么适合我，或者我也干不了。

记者：你指的不适合是哪方面的不适合？

小匡：比如说我干不了，我一般都差不多是干的体力活，都是体力活。

记者：体力活你为什么觉得你干不了？

小匡：干着很难受，很不舒服嘛！

人一定是活在自己的观念（潜意识逻辑）里面的，并且完全受限于自己的观念。所以，家庭教育就是要研究这个层面的东西，然后再寻找破解之道。

大家要注意小匡的这个逻辑，其实就是："只要我干得很难受，不舒服，那这个工作就不适合我，我就干不了。"

在绝大部分社会人眼里，这种逻辑是肯定不能成立的。因为绝大部分社会人都知道，工作不舒服、很难受，这是很正常的，任何工作都需要我们去克服困难、克制惰性。同时因为

第四章
纪录片《啃老儿子状告父母》解析

工作有难度，才会有挑战，而挑战成功后的喜悦是更大的奖赏，这是绝大部分社会人都会有的身心体验。而小匡是没有这种体验的。

对一个人而言，"人的体验在哪里，那他的认知也就停在哪里"。所以，我们从小匡的认知，可以反推他曾经在原生家庭里面的体验。那其实就是，在与父母的互动中，只要他说累，说不舒服，或者说做不了，他的父母就会允许他不做。恰恰是父母在他小的时候，从来没有对他进行过压力训练、能力训练，凡事都放任他怎么舒服怎么来。

在溺爱孩子的家庭，父母经常会说：

"我孩子的手是要握笔的，怎么能干这些粗活呢？"

"我的孩子是读书人，怎么能干这些粗活呢？"

"不会就不用做了，干这些也没有什么出息。"

"家务活，由我们干就好了。"

"累了就不要做了，去休息吧！"

"不舒服就不要做了，去玩吧！"

或者孩子只要稍微表示不愿意，家长就不再强迫他。家长之所以会这样说、这样做，除了不舍得孩子受苦外，还有一个原因，就是相比教会孩子，自己去做更简单方便。

所以，小匡自然而然会形成这样的认知。他不会认为自己的认知有问题，因为从小父母都是这么对待他的，那他怎么

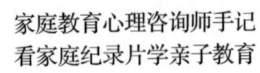

可能知道这个认知是不对的？

　　父母每一个舍不得孩子受苦的想法，都会使孩子滋生一种懒惰的行为，并最终形成好吃懒做的性格，即使成年以后也难以改变。

　　这种性格会导致他们只愿意以最舒服的方式生活，如果不能拥有高配的生活，那低配的也行，反正绝不能累着。

　　让我们继续了解小匡的神奇逻辑。

　　旁白：没有一技之长，他能找到的工作只有一些简单的体力活。前些年他曾做过饭店传菜员，在工厂做过计件工人，在工地做过搬运工，但最终都因为太累而放弃。游手好闲了好几年之后，他终于找到了一份轻松的工作，就是在美术学院当人体模特。

　　从表面看是"没有一技之长，他能找到的只有一些简单的体力活"，但实际上是他从来不愿意做复杂的工作，甚至稍微累一点的工作也不愿意做，所以他才会没有一技之长。

　　小匡：（我想）找一份我干得了的，而且很得心应手的嘛！

　　记者：那你觉得你干得了、得心应手的是什么样的工

第四章
纪录片《啃老儿子状告父母》解析

作呢?

小匡：比如，做模特，或者做演员。做模特，就是坐那儿嘛；当演员嘛，就是做做样子，就拍戏嘛，这样倒是挺合适的。

旁白：如今在美术学院做模特，就只需坐着不动。小匡觉得这份工作倒是挺适合自己的，只不过这工作不是每天都有，好的时候一个月也就一两百块的收入，根本不够养活自己，所以他只能一直吃住在父母家里。

让他感觉得心应手的工作，就是坐着不动还有钱赚。难以想象，他过去的生活状态该是多么舒服，才会令他有如此逻辑。

小匡认为，父亲的处境比自己好。

小匡：好多工作都不怎么适合我，因为我的处境不好嘛。父母他们处境好嘛，他们甚至比我好好几倍。他们是一个什么样的情况？他们一年收入大概最好的时候有2万，最差的时候也有1万多。我的情况，一年到头也就三四百。他的工作倒是得心应手，辛苦倒是有点辛苦，不过，对他们来说，也不怎么辛苦。对我来说，倒挺辛苦，因为我干不了他那种力气活。他是像建筑工，打一些零工。

小匡认为，他就应该完全不辛苦地生活，这是一个很严重的认识问题。

小匡这个三观形成的过程，也一定是他与周围人慢慢隔离开的过程。只是父母没有警觉，或者认为孩子还小，长大了就会好。而长大之后，他会发现身边一个同类人都没有了，大家都和他不一样，这时问题才暴露出来。但是此时已经积重难返。

旁白：小匡的父亲靠在工地给人打零工挣钱，母亲有病在家休养，家境非常贫寒，按说这么大的儿子早就应该帮家里分担一些的。

等到小匡29岁，父母才发现他无法分担家里的事情，可是已经太晚了。所以我建议，孩子从会说话开始就要参与家庭事务，孩子分担家务、照顾家人的思维和能力一定要从小训练。

小匡：生儿子，就像赌博一样，有好有坏。比如，你生了一个状元儿子，当然大家皆大欢喜；你生了一个没出息的儿子，没出息也不错，只要不杀人放火，就好好的就可以了，我就是这种人。

第四章
纪录片《啃老儿子状告父母》解析

小匡：（我已经好好的了）他（小匡父亲）都不照顾我一下，他有时候还说我，吃他的、住他的，还说我是他的负担。我是这么回复他的："你既然说我是负担，干吗要把我生出来呢？你早知如此何必当初呢！"

我们看了这样的逻辑，会觉得不可思议。但小匡的父母，特别是老匡，大部分情况下还是接受小匡这样的说法的。

而小匡之所以有这样一套逻辑，其实与父母的一些心理是分不开的：

——孩子只要健康就好，有没有出息，要看老天是否赏脸。

——不要对孩子要求那么高，不杀人不放火，那就该满意了。

——只要健康就好，事情嘛，慢慢做，不要累坏了就可以。

——钱多钱少没有关系，反正事情是做不完的，一家人平平安安就好。

——不能让孩子太累了，他缺什么，跟我说，我只要有一口饭吃，就有他吃的。

——不要累坏了，事情差不多就行。

——那我能怎么办？孩子已经是这样了。

这些逻辑，我经常在溺爱孩子的父母身上看到。

后面我们会发现，实际上老匡早就接受了小匡就是这样

151

的人，只是他不希望父子住在一起吵架，所以才想把小匡赶出家门，但他内心深处根本就不相信小匡能出去做什么工作。

小匡向记者讲述他运气差：我比较倒霉，我们邻居家的孩子，和我从小一起长大的，都讨到老婆了，而且还长得挺漂亮，你说我倒不倒霉？我至少长得……长相比他们好一点，能力也比他们强一点，你说我倒不倒霉？要是讲个子我也比他们高一点，他们没有我懂事，也没有我这么有礼貌，可他们都讨到老婆了。

我们来思考一下：小匡的这种自信到底是怎么来的？

他能下意识说出口的话，一定是他潜意识里深信不疑的。那到底是谁给了他这种自信？

下面我们把小匡的自信表述转换成另外一种语言，大家来感受一下：

"我儿子长得最帅了！"

"我儿子的身材就是最好的！"

"他们都没我儿子长得高！"

"儿子真能干，真棒，好厉害啊！"

"我儿子最懂事了！"

"我家的孩子最有礼貌了！"

第四章
纪录片《啃老儿子状告父母》解析

这种语言，很常见吧！

在一些父母的眼中，自家孩子是最好的，是天上地下独一无二的。在生活中他们什么都舍不得让孩子做，不训练孩子的任何能力，不培养孩子的任何品质，一味奉行"快乐教育"，结果必然导致像小匡这样的盲目自信。

对于孩子的成长来说，父母的赞许是必不可少的。但我要纠正一个错误的观念。很多人以为自信是被夸出来的，所以对自己的孩子无限赞许，希望通过夸赞让孩子产生自信心。这是极大的误区。

父母的肯定、赞许确实会让孩子感觉比较舒服，这是人的本能需求。但人的自我价值，一定是通过自己的努力，在解决问题的过程中生发出来的体验。只有这样的体验带来的自我认知，才是稳定的、可信的。

从小匡的逻辑链条中，我们可以推测出小匡的父母在过往是怎么对待他的，而这些也在随后的节目中得到了验证。

旁白：父亲老匡流露出对妻子的不满，这到底是怎么回事呢？

老匡：太宠他了。像他小时候，我在家里的话，有时候我喊他做些小事的时候，他的妈妈就会说我懒，嫌我让小孩子做事了。

旁白：老匡说，对于这个儿子，妻子很是宠爱，从小不让他做任何事。按说农村长大的孩子，早早就该担起养家的重任，但有时自己想让儿子干点活锻炼锻炼，反而会被妻子骂一顿。他觉得如今儿子肩不能扛，手不能提，都是被妻子给惯出来的。

对于母亲的宠爱，小匡又是怎么看的呢？"只有妈妈对我好一点点"，对于母亲，小匡并不愿意多说，只是轻描淡写的一句，也许能让我们看见这个儿子的内心，对母亲的情感。

在小匡的概念里，"只有妈妈对我好一点点"，但实际上他心里想的是"对我还是不够好"，所以才会轻描淡写地一语带过。

旁白：但是仅仅是母亲的宠爱，就会造成小匡如今的好吃懒做吗？对于这个疑问，老匡又给了我们另一个解释。

老匡：他本身就是天生不灵活的人，脑筋有缺陷的人。（比如说）像我们这里捉黄鳝，捉黄鳝要用工具，人家一次可以捉三四十条、四五十条。他有时候就捉那么一两条，自己的（工具）都找不到。自己把那个（工具）丢到哪个地方，自己都找不着。

第四章 纪录片《啃老儿子状告父母》解析

旁白：老匡说，儿子从小就比同龄人笨，做起事来总比别的孩子慢半拍。所以自己对这个儿子，也一直没抱太大希望。

老匡：我不要求他打工，只要他听点话就可以了。

记者：你的意思是说，他要真的不工作，你还是养他？

老匡：就是养他，等于说是有这么一个打算。就是说住到一起，不行。等于说，他这么大了，29岁了，我怕两个人住到一起，打起架来不好。

到这里，其实问题就很清楚了，完全契合我对小匡思维逻辑成因的推测。

母亲溺爱，从小舍不得让小匡做事。"舍不得"必然就会把孩子捧在手心里当宝贝，所以小匡会有迷之自信；因为舍不得让小匡做事，所以小匡只要"不舒服、累"，就可以不用做。

父亲主导不了这个家，左右不了母亲。父亲试图让孩子做点小事，总是被母亲阻止。所以，小匡总能用"不理不睬"的方式对抗父亲，反正父亲从来都对小匡无可奈何。

在母亲这里，小匡永远不需要做任何事情。所以，小匡理所当然地认为：你们就得养我，不养我就不对。

由于后天的训练不够，小匡的行为能力逐渐落后于同

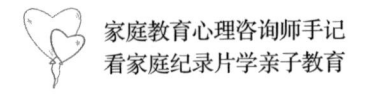

龄人，而父亲却将这个归因于小匡脑子有缺陷。在父亲的逻辑里，儿子做不了事是正常的。所以，只能接受他现在的样子，允许他啃老。所以，小匡永远会说自己没有能力，养不活自己，不能自食其力。因为只要这么说，父母就会养活他，就会继续让他啃老。所以，小匡不会上进，不会对自己有一点点要求。

而心理学的手段，就是协助他们打破这些思维怪圈，协助小匡父母用新的行为模式来对待小匡，最终改变小匡的体验，进而改变他的认知。只有这样，小匡才有改变的可能。

小结

本节中，针对小匡的情况和问题，我们进行了细致的剖析，要点如下。

1.啃老族有恃无恐的根本原因

他们知道，父母不会抛弃他们，也不敢抛弃他们，并始终会为他们负责，于是他们永远认为自己有退路。

2.小匡家问题的"盲区"和解决之道

（1）小匡永远可以用"不理不睬"的方式对付父母。

（2）父母对小匡永远无可奈何。

心理咨询师需要协助小匡父母找到自己的心灵坑洞，使自己的"牛鼻子"不再成为易被孩子控制的软肋，从而不再受制于孩子，反而能制之。

3.小匡的潜意识逻辑

只要我不会做，就不用做，也不需要学，不需要去克服困难；父母必须来帮我做、养我；父亲不养我，还要赶我出去，就是他不对。

4.小匡潜意识逻辑的形成原因

父母对孩子溺爱，而没有对孩子进行过压力训练、能力训练等。

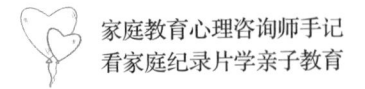

破除巨婴心理，才能杜绝啃老行为

> 像小匡这样的"啃老族"绝非个例。上一节我们分析了这种啃老思维是如何形成的，本节我们从心理学专业角度探讨一下，对于大部分啃老族来讲，采取哪些方法才能杜绝他们的啃老行为。

若心理咨询师、治疗师自身还处在原生家庭的桎梏里，还没有真正地超越它，那么此时，因为他们自己是巨婴（当然这里的"巨婴"是相对于心理上的成人而言，非贬义），所以，就把所有人都想象成巨婴，或者会不自觉地把人性当中可能有的问题，都归因于童年时期的匮乏、爱的缺失、小时候的伤害；进而把解决问题的途径，归结为"爱要流动""没有完成的都要完成""缺失的就要给予""匮乏的都要被满足"等。

也正因为如此，他们实际上不知道心理上的成人与巨婴的区别到底是什么，而且必须经历什么，巨婴才能成长为成人。

他们只知道孩子需要什么，婴儿需要什么。于是，一堆成年巨婴就在各种"爱与感恩""轻而易举""富足""奇

第四章
纪录片《啃老儿子状告父母》解析

迹""幸福""喜悦"的虚假氛围中不断地狂欢。

对于一个孩子、一个婴儿来说,他怎么会知道,承担家庭责任可以是一种完全自发的行为呢?

一个真正意义上的成人,看到的应该是无怨无悔的担当;巨婴们才会只看到接纳、爱、感恩、满足、光、奇迹、轻而易举、觉醒、开悟等。他们以为这就是真相,有了这些,自然一切都好了,都完美了。

可事实是,成人的世界里哪有那么多的"岁月静好"?当然,在身体上我们最终都会成熟,但心理上的成熟却必须到社会化的实践活动中完成。从来没有不经过社会化活动就能自行成熟的人。

从这个意义上说,任何心理咨询(治疗)都无法代替真正意义上的社会化实践。也可以说,任何的心理咨询(治疗)都只是为社会化实践做心理上、思想上的准备与指导。

如果可以退缩,谁愿意去成长?如果可以依赖,谁愿意离开父母?

而人要由"未成年人"走向"成人",其实要经历的也很简单,那就是被社会反复按在地上摩擦。社会的暴击经受多了,人自然就成长起来了。道理很简单,还是那句话:"故天将降大任于是人也,必先苦其心志,劳其筋骨,饿其体肤,空乏其身,行拂乱其所为,所以动心忍性,曾益其所不能。"但不是所有父母，都能够做到。

如今，在"一切都是为了孩子"的社会观念影响下，父母拼死拼活都要给孩子创造最优越的物质条件。而主动让孩子去接受社会的暴击，实在是难以做到的事情。

但实际上，舍得让孩子去受苦，甚至驱赶孩子离开自己，本来就是动物的天性。就像我们小时候观察到的，如果老燕子永远叼虫子给小燕子吃，小燕子只要张开嘴巴就有虫子吃，那么有哪一只小燕子会心甘情愿地学习飞翔，学习捕食？哪一只小燕子不是时候到了，就被老燕子硬拱出燕子窝的？在小燕子扑腾着稚嫩的翅膀，试图再次飞回鸟巢时，老燕子还是会一再地驱离它们。

如果没有老燕子这个狠心的举动，有哪一只小燕子翅膀会变硬，会学会飞翔，乃至学会觅食与远程迁徙呢？

燕子是这样，老鹰也是，老虎、狮子、豹子无一例外，自然界里的动物最终都是要离开父母，自行独立捕食的，都会在关键时刻被父母驱离巢穴，丢进天空、原野或者海洋湖泊，让它们自己扑腾。

动物成长到一定的时候，若没有被及时驱离，就会失去相应的能力，也即失去独自捕食、迁徙、求偶的能力，而人亦然。在一个被允许退缩、随时可以索取、总是被爱的环境中，这个人怎么能够学会主动承担责任，或者说主动去爱别

第四章
纪录片《啃老儿子状告父母》解析

人、去给予、去付出、去服务他人呢？

所以，总结起来，一个人要从"未成年人"或者是"巨婴"的心态跨入"成人"的阶段，需要的就是被社会"毒打"。为了这个"毒打"，父母需要在平时就做很多功课，包括"推"的动作，"驱离"的决心，都是要提前做好准备的。

这里我所说的"推"，不是生硬地推，不是心狠地推，不是行为层面的拒绝与冷漠，而是指我们必须深刻地明白，我们的孩子终究会成为一个独立的人，终究要进入社会，进入家庭，抚养后代。而我们终究会死去，留下他自己去面对生活。所以，家庭教育，其实就是为这一天做准备，而且准备的时间并不会很多。

很多父母，无法下这个"推"的决心。

他们总是告诉自己，自己的孩子不需要被残忍对待，现在的物质条件较好；又因为自己曾经吃了太多的苦，所以总是希望孩子少吃点苦。他们总觉得，既然自己可以给孩子创造好的条件，干吗还让他去外面吃那么多的苦呢？甚至认为，反正自己的财产将来也是留给孩子的，那为什么还要让他去吃苦呢？

更重要的是，这些父母总是认为"自己的孩子是真的吃不了苦"，或者"我的孩子能力真的不够"，或者"我的孩子是真的有心理问题",就算没有这些,他们也会觉得自己的孩子"自小体弱多病"。所以,他们会找出各种理由来说服自己,"我的孩子绝对不能被'推',更不用说推出去被社会'暴打'了"。

于是,脆弱、敏感、抑郁、焦虑、情绪不稳定的孩子就比比皆是了,表现在学习上就是逃学、退学、休学,当然更严重的就是啃老。

对于小匡这样的啃老孩子,父母尽量不要与之发生冲突。因为现在孩子年轻力壮,而你却逐渐老去,你手上已经没有什么东西可以威慑得了他了,仅剩的就是对财富的支配权。

所以在这种情况下,只能斗智,采用被动的方式,也就是非暴力不合作方式,用沉默、冷淡、拒绝的方式来对待他。

另外,一定要把他当成年人对待,当社会人对待,用沉默、冷淡、拒绝的方式,一次又一次地把他推进社会,让家不再成为他的安乐窝、避风港。

他想要的,他必须自己去创造,自己去努力。他想从你这里索取任何东西,一概不合作、不给予。用这种方式逼他去外面工作、去受苦,逼他去与外面的世界建立关系。因为这个世界不可能围绕着他转,总有人不会让他如意,总有人让他痛苦并成长起来。如此，他才不会一直蜷缩在巨婴的世界里，这就是改变啃老行为的有效方式。

小结

本节讲解了如何杜绝孩子的啃老行为，父母可以从以下几个方面着手：

（1）在心理上把孩子当作成人，用成人的标准要求他。

（2）在适当的时候将孩子"推"出家门，让他接受社会的磨炼。

（3）对于已经成年的啃老孩子，采取非暴力不合作态度，用沉默、冷淡、拒绝的方式来对待他。

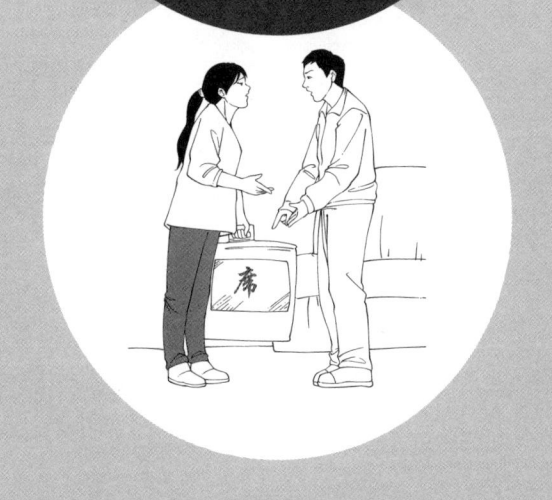

第五章
纪录片《我的叛逆儿子》解析

16岁时，刘阳的父母离婚，刘阳归父亲抚养。不久后，父亲成立了新的家庭，并且让刘阳跟奶奶住在一起。祖孙相依为命，却矛盾不断。

刘阳勉强读完中专，从24岁开始便不再外出工作。他终日无所事事，被奶奶训斥，终于有一天他爆发了，冲上去揪住奶奶的头发大力地拖拽。在这次冲突之后，刘阳的心态彻底崩溃了。

再婚的父亲给不了刘阳多少关爱，再婚的母亲看在眼里、急在心里，按照自己的方式努力地"弥补"刘阳。然而刘阳并不领情，他对母亲百般挑剔、千般埋怨，固执地认为母亲才是引发矛盾的人。看到好心没换来好报，他母亲一肚子委屈，无处诉说。

刘阳趴窝在家、失去理想与动力，还一言不合就动手，这让亲人们都感到绝望。

第五章
纪录片《我的叛逆儿子》解析

孩子是真受伤了，还是有"受害者情结"

> 分清孩子是心理创伤，还是受害者心理，直接决定了后续的干预方向。相对于前几个叛逆或者"啃老"的案例，本章案例中的孩子，虽然也退缩在家，但是有明显的心理创伤。对于有心理创伤的孩子，该如何有效协助呢？
>
> 本章将借助纪录片，做详细讲解。
>
> 阅读前请先观看纪录片《我的叛逆儿子》。

本节讲的这个"叛逆儿子"，和前面几个纪录片中的主

人公十分不同。前面几个纪录片中的孩子，不管是正在叛逆期的泽清，还是已经在啃老的小金与小匡，应该都没有受到心理伤害，只不过是被父母过度给予。即使《镜子》中的那些孩子，在纪录片呈现内容的范围内，也看不出明显的心理受伤的痕迹。

而《我的叛逆儿子》中的刘阳，却有着实实在在的受伤经历。本节讲解这个纪录片，主要是为了让大家在教育孩子的过程中，能直观地判断，孩子到底是受到了伤害，还是有"受害者情结"。

如果孩子确实曾受到伤害，那确实需要被疗愈，被温柔以待。但我反复强调，家长最好不要自行模仿操作。因为家长很容易由于自己的内疚心理而对孩子过度保护或者不敢管教，这很容易引发孩子的"受害者情结"。在我的来访者中，有很大一部分孩子就是因为受伤而产生"受害者情结"的。

目前业内惯用的创伤理论认为，给予孩子的应该都是支持与包容；然而对于有"受害者情结"的孩子来说，那是以肉饲狼，毫无益处。

孩子什么样的表现说明真的受到过伤害，什么样的表现说明有"受害者情结"，其实不难分辨。大家可以借助身体的伤口来理解：如果你身上有一个伤口，你平时一定会想尽办

第五章
纪录片《我的叛逆儿子》解析

法不要去碰触它或者下意识地保护它；实在不得已要去揭开伤口，那一定会痛得龇牙咧嘴。也就是，他会有不受控的疼痛，因为那个疼痛是由碰触伤口引起的，所以他会下意识地不想触及这个伤口。因为人的本能是不想要疼痛的，而"不想要"这个无意识的动作是真正疼痛的一个很重要的指征。这一点在《我的叛逆儿子》中非常直观地呈现了出来。

而有"受害者情结"的人，讲述某些痛苦经历时，目的是对他人的控诉。也即是，他的焦点在别人身上，特别是描述自己痛苦经历的时候，情绪明显是可控的。就比如《理直气壮啃老的女儿》中的小金讲述她的社交恐惧症、讲述她小时候的经历时，没有太多不可控的情绪，有的都是对妈妈的控诉（当然也有酝酿出来的情绪）。再比如《啃老儿子状告父母》中的小匡试图告诉专家，他小时候曾被父亲毒打，但他甚至不记得是怎样被打的，也无法回忆起具体事件——小匡明显是在指责，在找理由，而并不十分痛苦。

大多数家庭是第三种情况，也就是孩子因为受伤而产生"受害者情结"。这又可以分为两种类型。

一种是伤痛太大，大到孩子自己没有能力去消化它，而且自己是无辜的被伤害者，所以会下意识地保护那个伤口。为了保护自己的这个伤口，他们下意识地会退缩，会逃避，甚至有时候也会做出攻击性的行为，就如同受伤的野兽一般，但那终究是为了保护自己免得再次受到伤害。

另一种是孩子自己对于那个伤痛的形成有不可推卸的责任，他们既害怕伤痛被再次提及，又害怕自己的责任被人发现，所以会用攻击他人的方式来推卸责任，同时逃避伤痛。

而人性的复杂之处在于，往往这几种情况在人身上都是并存的。某个时刻可能受到伤害，而某个时刻可能就是产生了"受害者情结"，更多时候是用受伤害来掩饰"受害者情结"。

这就需要心理咨询师根据咨询的进程，实时判断来访者的心理状态处在哪个阶段，并做出相应的处理方案。

本片中的主人公刘阳，从小就是留守儿童。所以他很孤独，非常害怕分离。而在他稍微大一点之后，父亲又因外遇离开家庭，导致他被抛弃；后来母亲改嫁，使他再次被抛弃；只留下他一个人在老家与奶奶共同生活，而事实上奶奶也嫌弃他。

父母离婚对他来说本就是一个非常大的打击，而且更恶劣的是父母在抛弃他的同时，又都在争夺他的支持，都想要他站在自己这边，这又在他心里造成一个非常大的撕裂。

压倒他心理状态的最后一根稻草是妹妹对他的回避，让他唯一的心理牵挂也无法维系了。

那绝望中的嘶吼，被剥夺后的惨叫，其实就是刘阳的

第五章
纪录片《我的叛逆儿子》解析

心声。

片中一开始的这段母子冲突，其实就已经把他们家的大部分问题暴露了出来。

刘阳妈妈：我也不知道买哪一个，我买个这样的，我怕你不要，我买了两面的。（面向记者）我就害怕他说要什么样的凉席，我也没问清楚，我就买个两面都可以用的。热了可以睡这边，冷一点可以睡这边的这种，我买一床好的。他说就要那样的，不要这样的，你说我怎么办？

刘阳：这席子太厚了，我以前买的都是那种竹席子。就

171

是出了汗它不会干的，干得慢。

旁白：正在争执的这两个人是一对母子，儿子刘阳今年24岁。眼看着天气越来越闷热，刘阳的母亲给儿子买了一张凉席。可没想到，这个举动却引发了两个人的争吵。

刘阳：（妈妈想的是）"这是我好心好意给你买的，你不要不领情，你不要不识相"，她就是故意来气我的。

刘阳妈妈：每次沟通就是说不到两句话，我说"你现在想怎么样"，我说"你就跟我说"，他总之不会跟我去说，他反正就说不进去，每次都这样。

刘阳：她只是推卸责任，把责任先推了再说。

刘阳妈妈：我现在跟你说，我都有一个恐惧症，我就是害怕跟他对话，害怕他的电话。我跟你说，我恐惧。

旁白：在刘阳16岁的时候，父母就已经离婚了。母亲也早已再嫁，有了自己的新家庭。刘阳母亲深知自己失败的婚姻曾给儿子造成无法弥补的伤害，她心里对儿子一直充满了愧疚。如今儿子和奶奶生活在一起，她有时间总想回来看看儿子，尽自己所能为儿子多做点事情。可不知道为何，母子二人每次见面，说不了几句话就要吵架。

大家要认真分析当事人口述的话语，真相都藏在这些细节里。

第五章
纪录片《我的叛逆儿子》解析

刘阳的妈妈一开口就说，"我也不知道买哪一个"。她是有心去关心儿子的，但只要和儿子打交道，哪怕仅仅买个凉席，都让她心里打怵。她知道儿子一定会生气，以至于因为害怕，连主动问一下儿子想要什么样的席子都不敢："我就害怕……我也没问清楚。"

妈妈想尽可能地避开刘阳的不满，就试图考虑得周全一些："我就买个两面都可以用的。你热了可以睡这边，冷一点可以睡这边的这种，我买一床好的。"结果不出所料，刘阳还是生气了。即使母亲做得再好，他都可以找出毛病："这个席子太厚了……干得慢。"

刘阳妈妈很清楚自己对儿子的害怕："我都有一个恐惧症，我就是害怕跟他对话，害怕他的电话。我跟你说，我恐惧。"这样的对话，在我接待的家庭中，几乎是常态。父母对孩子战战兢兢，怎么做都不对，怎么做都能被孩子挑出毛病。特别是现在很多父母都懂那么一点点心理学知识，知道自己曾经伤害了孩子，所以对孩子会有很重的愧疚感。

离婚对孩子造成伤害，这是中国母亲最常见的内疚自责的原因。而刘阳有没有受到伤害？肯定是有的。但母亲的自责、愧疚，其实在无意识中，又一直在提醒刘阳："是我伤害了你，你现在这样，不是你的责任，都是我的过错。"母亲出于愧疚，实际上替刘阳承担了他的责任，这无形当中是在告诉刘阳:"你没有责任,你不需要负责。"所以,这就在无意识中导致刘阳产生了"受害者情结",因此刘阳对母亲和奶奶的攻击性就越发强烈了。

大家记住一个概念,受伤并不是必然让人具有攻击性,被允许才会。也即是刘阳对母亲的攻击,实际上是被母亲默许的。

因为内疚,母亲内心害怕刘阳的攻击,但又觉得,被攻击是她应受的惩罚,这是一种常见的心理逻辑。虽然在头脑层面,母亲会生气,会唠叨或指责刘阳,但人终究是受潜意识支配的。

刘阳妈妈:反正他就是说我不理解他,我不知道他心里想什么。我怎么知道你心里想什么?不知道他要什么,我肯定不知道啊!

刘阳:她反正是说,是我的问题,一定是我的问题。

刘阳妈妈:你把这些全都加在我的头上,我能怎么样,我也要活下去。

刘阳:你不要看我不顺眼。我是这样想,你来这里,就没一句好话吗?

大家注意刘阳妈妈的这句话:"我能怎么样?我也要活

下去。"妈妈的这句话已经在试图让刘阳理解自己了，或者说有点哀求儿子原谅她的味道了。因为刘阳妈妈也下意识地觉得，孩子把过多的责任加在她身上，她有点承受不了了。妈妈认为刘阳应该理解自己，所以才会这么说。虽然这是事实，但妈妈这么说是没用的，刘阳也无法站在妈妈的立场去理解整件事。

同时妈妈又知道，责任最大的爸爸并没有受到相应的谴责，估计这也是让她极度愤恨的，也是她不愿向儿子真诚道歉的重要原因，因为她也是受害者。心理咨询师如果在这个节点上协助妈妈，很可能就会解开母子之间的心结。

让妈妈和儿子开诚布公地对话，妈妈可以承认自己过去对孩子造成的伤害，甚至进行必要的道歉，但不需要内疚，不需要自责。其中最重要的就是看到自己曾经对孩子的伤害，这也是刘阳最在意的问题。大家要注意刘阳的这句话："她只是推卸责任，把责任先推了再说。"这句话的潜台词是"妈妈，求求你看看我，你让我受伤了"。所以，妈妈有必要看到孩子是真的受伤了，并安慰他，向他表达歉意。

从人性的角度来看，被伤害者都需要被看见，这就是为什么一句真诚的"对不起"具有非常强的疗愈作用。而这句道歉，若一直不敢真诚地说出口，那被伤害者的情绪就无法被抚慰。如果被伤害者具有了报复的力量，那他一定会找机会找回平衡的。

但妈妈道歉，并不是允许刘阳去控诉妈妈，更不是允许刘阳停留在受伤害的情绪里不出来。因为父母毕竟是生养自己的人，而人伦又是更高层次的秩序。但很多父母难以把握这两种逻辑的辩证关系，就非常容易出问题。

刘阳的诉求一直很清晰："你不要看我不顺眼。我是这样想，你来这里，就是这里那个，那里那个，就没一句好话吗？"潜台词是，你不要嫌弃我就可以了。

刘阳妈妈因为害怕，显然没有听懂刘阳的心声，也不敢表达自己的心声。妈妈因为内疚，不断地付出自己认为刘阳想要的东西，但事实上刘阳想要的只是母亲看见他的伤痛。心理咨询师要做的就是，协助他们听懂对方的心声，并表达自己的真实意愿，同时帮他们平衡彼此的关系。

我一般只调整父母，因为孩子是在这个家庭里长大的，父母的一言一行都在无意识中影响着孩子的言行。当这个家庭秩序混乱时，父母和孩子之间难以形成合力，就会逐渐形成互相钳制的关系。而有序的家庭里，力的方向是一致的，大家能形成合力，而不是彼此消耗。

刘阳的妈妈遭遇前夫背叛后，产生了很深的愤恨，同时又因离婚而对刘阳充满愧疚，自己无法消化，只能下意识地回避这些不堪的过往。而她回避的这些过往，又恰恰都是刘阳的

第五章
纪录片《我的叛逆儿子》解析

伤痛记忆。所以在事实层面，妈妈的回避，导致了刘阳的伤痛无法被看见。

因此，才会造成目前的情况，刘阳希望妈妈看见自己的伤痛，但妈妈却对这一切视而不见。所以，冲突才会一而再再而三地发生。

而刘阳因为小时候的遭遇，包括父母离婚又各自再婚、自己和奶奶住在一起，体验到很深的被抛弃的感觉，这是他无法排解的伤痛。

本来还有相依为命的妹妹可以一起承担这个伤痛，但显然，妹妹当时年纪太小，无法体会哥哥的痛苦，又因为哥哥总打她，让她害怕，于是妹妹也远离了哥哥。所以，刘阳在事实上就被抛入了无处求援、无处诉说的绝境。

母亲因为心怀愧疚，又因新组建的家庭需要磨合，以及其他可能的困难，例如应该会有的心理隐痛，而没能及时关怀刘阳，导致刘阳的伤痛无处诉说。

刘阳从小就没有感受到家庭的温暖，受伤后又没有人抚慰，这时一根稻草都可能压垮他。所以，他就会试图自杀。所以，刘阳在事实上就成了受伤的困兽。

而妈妈出于母爱，很想去关心刘阳，但又无法和刘阳敞开心扉诉说这些年的感受；又因为无法倾听，彼此之间根本就没有机会互相化解心结。所以，刘阳妈妈每次都小心翼翼地靠近刘阳,从妈妈买席子这个行为,就完全可以看出来。

大家试着去想象一个画面:妈妈小心翼翼地靠近那只受伤的困兽,而那只困兽又认为是妈妈伤害了自己。当"加害者"小心翼翼地靠近被伤害者的时候,被伤害者会作何反应?他不咬你,才不正常——除非他没有能力咬你。而这就是刘阳与妈妈之间的困局。

从妈妈的角度来说,她的愧疚需要被疗愈,受到的伤害也需要被同理。因为时至今日,中国女性还是没有完全意义上的"离婚自由"——我指的是精神上的自由。追求自己的幸福本来是天经地义的事,但因为母性使然,妈妈对于离婚给孩子造成的伤害,其愧疚感是远高于父亲的。

刘阳的妈妈需要看到,自己并没有做错什么,更没有对不起谁。虽然孩子受伤了,但自己并不是故意的。孩子的伤痛需要被看见,但自己也不需要过于自责。

正如孩子不小心生病或摔伤,妈妈们总会责怪自己没有看护好孩子。而这些自责愧疚会死死地抓住女性,使之无法以平常心对待自己的孩子。但事实上,孩子的此类伤痛并非父母主观过失导致的,因此父母无须为此过于愧疚。

当然,事后进行反省和检视肯定是必要的,以避免重蹈覆辙。

疗愈的方向就在于此,但要做到却非常不容易。

第五章 纪录片《我的叛逆儿子》解析

因为社会集体意识对妈妈这个角色的定义是很苛刻的，常常将母爱偷换概念为"无限责任"，这在很多时候是不公平的。也因为这个观念在人们心中根深蒂固，所以妈妈若没有做到，就会产生很深的自责心理。

而这些都隐藏在女性的潜意识之中，若没有一定的心理疗愈技巧，很难引导她们看见这些深层次的问题，并从中解脱出来。

旁白：刘阳的老家在湖南横山县的一个小村子里，24岁的刘阳中专毕业后就一直在外面打工。可是每次都干不了太长时间，一般坚持两三个月就要再换工作。今年过完年后，刘阳做出了一个令所有人感到意外的决定：他再也不愿意出去打工了。

刘阳与那些被溺爱、被纵容的孩子不同。虽然看起来都是待在家里，不愿意出去，但他们有本质的区别。

刘阳属于受伤后孤立无援，从未获得支持和关爱的类型。他虽然一直在试图突破自己的困境，但每次都被打倒，直到最后再也没有勇气爬起来。刘阳留在家，真的是在休养，等他准备好后，还是会努力走出去的。

而《理直气壮的啃老女儿》中的小金，和《啃老儿子状告父亲》中的小匡，都属于从小被过度给予而导致能力弱化的类型。父母为他们做得太多了，他们也习惯了用自己的语言控制父母，以达成自己的目的。他们不出去，是因为在家里可以很舒服地控制父母，而外面的人他们控制不了，那他们干吗要出去？

同样是出不去，刘阳是心里太痛，走不下去了；而小金和小匡则是因为出去工作太累了，所以不想出去。

刘阳曾多次尝试工作——"24岁的刘阳中专毕业后就一直在外面打工。可是每次都干不了太长时间，一般就坚持两三个月就要再换工作"。

他一直在努力，但努力到最后什么都改变不了，所以他绝望了，没有力气了，只好选择退缩——"今年过完年后刘阳做出了一个令所有人感到意外的决定，他再也不愿意出去打工了"。

刘阳的退缩，是因为承受过太多的打击，而无力站起来。

刘阳是真正身受痛苦的人，所以他会下意识地不忍他人受苦，从他对妹妹下意识的呵护就可以看出来。

而小金和小匡没有感受过痛苦，他们对他人的苦痛是无感的。

看起来都是待在家里不出去，但形成的心理路径是完全不同的。若不能分辨这两者，用调整小金的方法调整刘阳，只

第五章
纪录片《我的叛逆儿子》解析

会消耗他本来就不多的心理能量；若用调整刘阳的方法调整小金或小匡，则只会让他们更加理直气壮地啃老。

> 刘阳：她（奶奶）的意思是，把我们这些人，要全部赶出家去。"你到外面去赚钱"，就这个意思。她说我守在家里来吃。

> 刘阳：她就是，我在家里她看不顺眼，她就这样骂你。我在楼上，她在外面就说你"这该死的东西"，还是咬牙切齿的那种，"该死的，你爹生了你这个废物"，说一系列的脏话。

刘阳的处境很艰难，没有人倾听他的苦难，没有人去协助他解决问题。而《理直气壮的啃老女儿》中的小金，但凡有一个想法，她的父母、姐姐都会为她去奔波、忙碌。

刘阳对温暖和关心是渴求的，而小金和小匡认为父母的关心、支持是理所当然的。

刘阳实际上知道自己是不对的，从纪录片中可以明显看到，刘阳对待父母完全没有小金那种理所当然的攻击。他只会在被刺到的时候反击一下，其他时候都孤独地坐着。

> 旁白：在奶奶眼里，一个年轻力壮的大小伙儿，怎么能不出去工作，在家一待就是几个月呢？奶奶言语中流露出的不

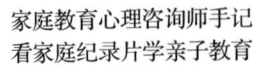

满，深深地刺激了刘阳，怒火中烧的他更是做出了常人难以理解的举动。

只是退回家中几个月，奶奶就如此不满，这和小金与小匡在家中所受的待遇有着天壤之别。当然，再怎么说攻击老人都是不对的，但片中并没有听到刘阳为自己的行为辩解，他没有振振有词地说自己这样做是对的。也就是说，刘阳很大程度上知道自己的行为不对，而且他愿意为自己的行为道歉，例如在现场对妹妹道歉。

旁白：在家待了两个月后，2015年5月，刘阳在网络上找人一起相约自杀，他要找一个志同道合的人一起结束生命。

刘阳：我就说，我的想法是这样的——找个什么悬崖跳下去。

旁白：刘阳找到了一个可以一起自杀的网友，可是在商量具体自杀细节时，两个人发生了分歧，才没有自杀成功。

在家待了两个月之后，刘阳想要自杀，这是已经被逼得走投无路了。

此时，纪录片的画面切到了演播室中，刘阳、妈妈和妹妹坐在演播室的沙发上。

第五章
纪录片《我的叛逆儿子》解析

大家注意上图中这一家人的坐姿，都是规规矩矩的。从这个坐姿就可以看出，这一家子都是老实本分的人。而且从这个坐姿基本上可以判断，这一家是可以被帮到的人，因为他们是有诚意的，能听进心理咨询师的话语。

对比下图《啃老儿子状告父母》中小匡的坐姿，可以发现二者完全不同。

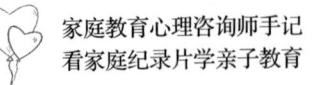

这些身体语言，其实就暴露出各自的心理状态了，小匡始终是怎么舒服怎么来。

刘阳：我就是埋怨的语气，加上那种反问的语气："你怎么不能理解我呢？"

主持人：我怎么理解呢？你让我理解吗？

刘阳：我刚才这个语气，你听着爽吗？

主持人：哦，就这样，"你怎么不理解我"，是吗？就带有指责性的意思，是吗？

刘阳：（叹口气）我说了，埋怨的语气……

刘阳：刚才主持人问，我就用那个语气说"你怎么就不理解我呢"，主持人心里有反感了。

刘阳：以为我发脾气了，其实我的（被打断）……

刘阳：哎，不理解吗？我的脾气有点暴躁。

从这一段对话中，我们可以判断，他是愿意交流的，并且在别人没有听懂他话的时候，他会主动解释。他能认真倾听别人的意见。

特别是后面他看到专家一直逼问妹妹的时候，他会为妹妹说情，这个下意识的举动说明，他是很能为别人考虑的。而这也说明了一个道理：受过苦的人，其实天然地会体谅

第五章
纪录片《我的叛逆儿子》解析

别人。

刘阳：啊，这个呀。因为我是比较情绪化的，你对我语气不好，我感觉我就会反感。你对我就是很好，我就心里很舒服。

大家要注意听刘阳的语气、语调，刘阳说话语气始终是温和的、内敛的。就算不舒服，他也不会乱攻击，除非被逼到绝路。当然对妈妈确实有应激反应，但这恰恰证明那是他的伤痛所在。

妈妈：就是说本来你想去关心他，不知道怎么去关心他。
主持人：你有没有想过，他为什么会对你这样？
妈妈：我不知道，应当肯定就是说，那时候肯定他有一点反对我再婚吧！
主持人：反对你再婚是吧，对你有意见？
妈妈：我猜想是这样吧，我不知道他是怎么想的。

刘阳的重大心结就在这里，不解开这个心结，刘阳回去后还是很难和母亲相处的，刘阳的伤痛还在那里。而妹妹和妈妈的情感链接比较好，而且有点抵触哥哥这么对待妈妈。

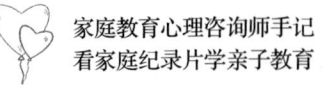

所以，若刘阳回去后和妈妈再起纷争，妹妹肯定又会疏远哥哥，选择站在妈妈这边。

观察员：所以我有一点假设，并不是这个凉席他不需要，也不是这个席子买的款式不符合他的要求，而是谁买的这个席子，对他影响比较大。

这个判断是对的。为证明这一点，观察员当场和刘阳重演了送席子的情景。果然，刘阳对观察员就很有礼貌。

刘阳：观察员老师演的应该是好心给你买的（的情况）。但我妈就是，之前已经沟通过了，我已经说了几遍不要，但是还是要买。

旁白：面对同一张买来的凉席，刘阳对待观察员老师和对待妈妈是截然不同的两种态度，那么为什么会出现如此大的反差？刘阳对妈妈的怨恨究竟又是什么呢？

如此清晰的案例，原因也都呈现了，下面的小片段也充分说明了刘阳是受到过心理伤害的。

旁白：在刘阳的记忆中，从小父亲常年在外面打工，母

第五章
纪录片《我的叛逆儿子》解析

亲有时候也会外出，留下刘阳和妹妹跟奶奶生活。

刘阳：她（刘阳妈妈）走了之后，坐车走了之后，我就会一个人，躲在被子里哭的那种。

这一段大家要认真看，这里体现了真的受过伤害与有"受害者情结"的孩子的区别。刘阳已经24岁了，提到小时候妈妈离开他，还是不禁难过。通过他的微表情，我们可以观察到他在试图压制自己的情绪，但还是控制不了，流露了出来，这是心理创伤的典型反应。

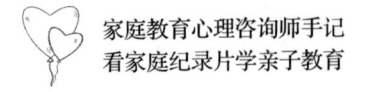

旁白：每次看到母亲收拾行李要离开家的时候，刘阳都会一个人躲起来痛哭，对母亲的不舍和思念常常环绕在刘阳的心里。从小到大，他对父亲都没有任何印象，父子之间至今都像陌生人一样。没有父母在身边，留守在家的刘阳，养成了孤僻内向的性格。他把一切都埋在了心里，他只有期待父母可以早日回来，一家团聚。可是他做梦都想不到的是，父母的关系出现了问题。

这个孩子真的挺可怜的。他心中是多么害怕被抛弃，多么渴求和家人团聚，但偏偏家人却一次又一次地抛弃他，一次又一次地忽略他。

刘阳讲父母离婚的事，边讲边哭：我只知道他们在闹离婚，但我心里想，希望他们和好，和好吧。我具体也不知道什么情况。

刘阳的语言、语气、表情、动作，明显反映出这是他内心的伤痛，是他一直无力解开的心结。

这个时候，心理咨询师需要理解他、同理他，让他与母亲充分表达，直到两个人心里都舒畅了为止。

第五章
纪录片《我的叛逆儿子》解析

旁白：在2003年，也就是刘阳12岁那年，远在深圳打工的父亲向母亲提出了离婚。刘阳的母亲坚决不同意，刚好赶上刘阳小学毕业，父亲提出，让他和妹妹去深圳玩。刘阳以为父母之间的关系开始好转，他满心欢喜地到了深圳后，眼前的一幕却让他深深感到震惊。

刘阳：我到那里之后我才知道，这个婚说不离还是要离呀，一定到头来还是要离的。一下子……这个家庭就破裂了。

刘阳：我的那个后妈，那个时候已经生了一个小孩，一个小妹妹。感觉有那么大了，有几个月了。

旁白：刘阳到深圳后才发现，父亲在还未离婚的情况下，已经和另外一个女人生活在了一起，还有了自己的孩子。

12岁这年发生的事件，对刘阳来说是十分明确的伤害。对于这样的伤害，需要让他表达出来，如此才更容易释怀。对于真正受过伤害的人来说，这是非常有效的处理方式。

但是，如果是小金、小匡那种类型的，我不会允许他们过多地谈论他们所谓的"伤害"事件。因为他们有"受害者情结"，他们本质上并没有受到创伤，而是要利用这些"伤害"来证明自己无法走出去，证明自己不能工作。

而刘阳这段看得我非常心痛。 刘阳多年留守在家，只期

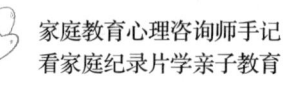

待有一天家人团聚,结果开开心心地去了深圳,却发现父亲已经和别的女人住在一起,还生了一个孩子。多年的期待在猝不及防之下被击碎,这对于一个12岁的孩子来说是非常残忍的,他是没有办法消化的。

刘阳现在重提旧事还是会无意识地说出这句话:"这个婚说不离还是要离呀,一定到头来还是要离的。一下子就……这个家庭就破裂了。"

其实,这就是刘阳的心理阴影。

他在幼年时期最重要的生存动力,就是期盼一家人在一起,结果现实就这么残忍地将它击溃。这种被打击的印象太深刻了,深刻到"一朝被蛇咬,十年怕井绳"。未来刘阳一旦对某种温暖心生期待,那种失去的疼痛、那种家庭破裂的恐惧,就会不受控地抓住他,让他根本不敢前进一步。

本来他的伤痛主要是由父亲造成的,但他触摸不到父亲,也就责怪不了父亲。如果母亲没有改嫁,他会感觉虽然没有父亲,但至少还有母亲。但后来母亲改嫁,他感觉自己像野草一样被丢弃,这让他的内心雪上加霜。

因为妈妈还回来看他,所以没有情绪发泄途径的他只能把妈妈当成发泄情绪的对象,这就是刘阳的行为的心理真相。

他在中专毕业之后,曾试图闯出一条路来。如果从潜意识的角度来说，他就是希望能通过自己的努力，来战胜这种失去的恐惧感。但显然他没有成功，"每份工作都做不到3个月"。现实的努力未能让刘阳建立起正向的体验，所以他潜意识里就认为，他过去的体验就是他生活的必然。

所以，他很可能发展出这样的思维逻辑："我怎么努力都没有用，反正都会是一场空""反正没有人在意我，没有人要我，我终究会被抛弃"。而这才是刘阳退缩回家的潜意识路径。

为什么有些人会有很深的宿命感？其实秘密就藏在这里。因为他怎么努力都改变不了现状。

旁白：刘阳不明白为什么父亲会让自己和妹妹来深圳，他不知道父母之间到底发生了什么，而自己每天却要和一个陌生的女人一起生活。幼小的刘阳有太多的疑问和不明白。

那么小的孩子，想不明白这些问题是可以理解的，并且他也不会随着长大逐渐懂得其中的缘由。因为他的心理创伤已经形成了，他心里对这些经历都是回避的。所以，虽然他已经成年，却一直没有机会审视这些过往。

我们一般人会随着年龄和阅历的增长，自动地修正年少时的观念。但若在年少时形成了伤痛，这个自动修正的功能就会被阻断。因为那里有心理疼痛，有疼痛的地方，人会下意识地回避，所以，人的意识对自我观念的重构功能就停滞了。

刘阳的父亲确实挺残忍的，如果说因为生活所迫，不得不让孩子留守在家，这还情有可原；但有了外遇，并且在没有离婚的情况下又生下孩子，还在决定离婚之后把刘阳和妹妹接到深圳来，让他目睹这一切，对刘阳的伤害就很大了。但凡这个父亲有一点点在意这个儿子，都做不出这样的事。所以，刘阳从小的处境就可想而知了。

刘阳：后来我妈知道我在深圳，她就过来了。跟我爸闹，她知道孩子都这么大了，就在那闹。

妈妈：他在外面打工就租了一间房子，他爸跟那个女的就睡在床上。他一张席子就让我女儿和儿子睡地上。你说睡一间房子里面，你说那时候对他们的那个心理……我那个时候就很生气的，就跟他爸吵起来。后来就把他那些东西……我也撒了一次泼，就把他那些东西打了很多。我说你这样太不负责任了，你再怎么样，你也等到离了婚再住到一起，是不是？你有能力住在一起，你把儿子和女儿接来也得另外租一间房间给他们住，是不是？

妈妈的想法其实是对的，也是对刘阳的爱护，只是一

第五章
纪录片《我的叛逆儿子》解析

直没有机会传递给刘阳。或许嘴上说了，但并没有让刘阳接收到。

  妈妈一直很爱刘阳，所以重点是要打通母子之间的这个情感通道，而这个情感其实在纪录片中已经一再流露出来。刘阳渴求妈妈看见自己，而妈妈渴求的也是好好对待刘阳。但因为妈妈的愧疚，以及刘阳过去所受到的伤害，母子俩一直靠近不了。

  妹妹：他们就把衣服打包，然后准备提走。然后，我妈和我哥就抢那个行李，我爸就打了我哥一个巴掌。

  12岁的刘阳应该还是不希望一家人分开的，所以会有和妈妈一起抢行李这个行为。而爸爸竟然迁怒于刘阳，这是对他生存动力的一种打击。

  旁白：在简易的出租房里，看到儿女在地上打地铺，丈夫还把所有的怒气撒在儿子身上，刘阳的母亲心疼极了，一番大吵之后，带着两个孩子回了老家。可是在深圳发生的那一幕，在刘阳的心里留下了深深的烙印，他明白已经没有任何办法再挽留这个家庭了，内心被遗弃的孤独感越来越强烈。

  刘阳：你可以想象一下，他们两个在闹离婚，谁还想得

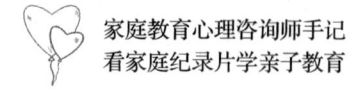

到我们？谁还想得到两个小孩子的感受？

这段旁白对刘阳内心的描述都是对的，并且刘阳自己也是知道的。

妹妹：我爸妈离婚，然后对他（哥哥）打击挺大的，对他真的影响很大。因为从那之后他的性格比以前变了很多，有时候性格好一点，有时候性格很暴躁，稍微一句话就会惹他很生气。

旁白：在妹妹的眼里，父母婚姻的破裂让哥哥的性情发生了很大的变化，那么针对当时的情形，刘阳的父亲究竟是怎么想的？

至此，事件已经很聚焦了。

爸爸：离婚是我们大人之间的事。

关于爸爸这条线，就没有必要拉进来了，从小就没有负责过，长大之后更无情。最重要的是，爸爸和刘阳之间没有情感纽带，对于刘阳的疗愈几乎不会有任何作用，可以不必触及。实际上妈妈和刘阳才是比较有链接的，疗愈他们才会更有意义。再退

第五章
纪录片《我的叛逆儿子》解析

一步，妈妈也是来到现场的那个，又何必舍近求远呢？

刘阳：那时我妈说，"到时你一定要站在你妈这边，你一定要理解你妈"。我心里想，我理解你。我爸就找我说，"你不要听你妈的，你妈撒谎啊"，怎样怎样。要我站在他这里。这个要我站在这边，那个要我站在那边，我不知道该怎么办。

刘阳：那个时候感觉自己就是麻木了，你们爱怎么样就怎么样，我都管不了那种。

两个都是他爱的人，他一直希望爸爸妈妈在一起，而不是分开。而双方却都要拉拢他指责对方，他怎么办？站在谁那边，对刘阳来说都是痛苦的。唯一让自己不痛苦的方式就是"你们爱怎么样就怎么样，我都管不了"。

渐渐地，刘阳在亲人关系当中日趋冷漠，而这只是他面对痛苦的方式。事实上，他对妹妹是很体贴的，他和别人互动的时候也能考虑到别人的感受。但是他面对冲突和痛苦的时候，就会用麻木、冷漠来保护自己。所以，刘阳才那样对待奶奶和妈妈。

而这些经历对刘阳后来的人生都产生了重大的影响，也是他在社会上走不下去的心理原因。因为他面对冲突的时候会

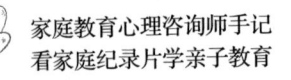

不知所措，会逃避，即使事关他的切身利益。因此他最后退回家里，其实就是这个无意识的"观念"在主导他。

小结

本节对刘阳母子的心结所在，刘阳受到的伤害，妈妈的内疚、恐惧乃至伤痛，都剖析得非常清晰。读者可回顾全文，试着思考以下问题：

（1）刘阳的情况，属于心理受伤，还是有"受害者情结"？如何辨别？

（2）刘阳母子的心结是什么？这个心结是怎么形成的，如何才能解开？为什么若没有专业人士的协助就难以做到？在解开心结的这个过程中，需要注意的是什么？如何避免让孩子的伤痛疗愈走向受害心理？

（3）刘阳的退缩，与《理直气壮的啃老女儿》中的小金、《啃老儿子状告父母》中的小匡的退缩有何区别？

第五章
纪录片《我的叛逆儿子》解析

孩子的心理伤害,要如何应对

> 上一节我们详细了解了刘阳家庭的问题所在,这一节我们就来探讨一下,应该如何帮助他们一家人去面对这些问题,解决这些问题。

旁白:父母两个人的离婚战一直持续到2007年。在刘阳16岁的时候,父母终于办理了离婚手续,这些年也让刘阳疲惫不堪。如果说父母离婚这件事情让他性情大变,那么和妹妹的关

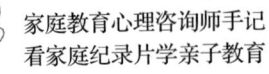

系更是让刘阳感到前所未有的无助。在那些争吵不休的日子里，本来兄妹二人可以互相依靠，可是一直以来，妹妹却不知道为什么一直在疏远自己。

长期持续的离婚战争对孩子的心理伤害很大。特别是刘阳，从12岁到16岁，根本没有人关注过这个孩子的心理健康，没有人抚慰过他，这个伤痛是很难靠自己的力量去化解的。况且父母离婚后继续把他一个人丢在农村和奶奶共同生活，所以刘阳一直是被嫌弃的、缺爱的，无法得到家人的支持。

刘阳：我爸妈就吓我妹妹，不要跟我玩。我妹妹就被吓到了，就真的不跟我玩。我就很生气，就说一定要她跟我玩。就是感觉，感觉怎么一下子全变了。

旁白：在刘阳的印象中，在四五岁的时候，妹妹突然开始讨厌自己，不愿意和自己玩。他不明白，为什么亲妹妹会不喜欢自己。为了让妹妹和自己玩，他不停地打妹妹，兄妹二人的关系也越来越疏远。

父母和妹妹的行为，无疑是把刘阳最后的生存动力扼杀了。他本来还可以和妹妹相依为命，有一个寄托。人在艰难的处境里，往往是因为有寄托，有期盼，才能坚持下去。而刘阳

第五章
纪录片《我的叛逆儿子》解析

一开始的期盼是一家人在一起，父母不要离婚。但父亲有了外遇，妈妈又改嫁，最后连妹妹都不理会自己了，最后一根救命稻草也被剥夺了。而妹妹又是唯一比他弱小的亲人，妹妹疏远他，他不知道怎么做才能靠近妹妹。他想让妹妹和他玩，但只会用强制和惩罚来对待妹妹。所以，刘阳才会说，他当时恨妹妹。

刘阳：因为有一次，她（妹妹）作文上写着"我今天回去，我哥哥不知道为什么又打我。我哥哥总是打我，我也不知道怎么回事"。她就这样写的。我就感觉自己不应该，但是我控制不了，控制不了自己的情绪呀！

旁白：刘阳打妹妹的行为一直持续到妹妹上了初中，刘阳对妹妹的愧疚也一直持续至今，他也不明白自己为什么总是控制不住地打妹妹。

他知道自己打妹妹是不应该的。这说明，他再怎么样还是爱这个妹妹的。这里面有很多的情绪和情感需要处理。

主持人：父母离异这个事对你来说影响比较大是吗？
刘阳：有影响。
妈妈：就是说我这个家，就是他爸跟我一离婚，反正就说我们三个人的心里都不是滋味。本来就是好好的一家人，现在搞成这样，谁的心里是滋味呀？谁不想兄弟姐妹，一家人和和睦睦地过日子？其实我心里也很憋屈，是不是？

这一段对话非常重要，是妈妈在自陈心迹。此时，妈妈的眼泪在眼眶里打转。妈妈内心是很憋屈的。因为现在的结果是刘阳的父亲一手造成的，虽然她后来也改嫁，但那实属无奈之举，因为她也要活下去。而现在刘阳只怪她，妈妈怎能不憋屈？

此时，最应该做的是让妈妈和刘阳对话，把内心的想法和委屈都说出来，互相原谅对方，给彼此一个拥抱。

而且，刘阳必须看到妈妈对他的爱，以及妈妈对他的付出。事实上，妈妈是唯一一个没有真正抛弃他的人。所以，他的"被抛弃的感觉"，要从妈妈这里突破。

所以，要想让刘阳的内在小孩长大，心理咨询师要引导和陪伴他在一定程度上释放自己的伤痛，协助他看见另外一层真相：妈妈在这场婚姻中其实也是受害者；当时妈妈也很痛苦、愤怒与无奈；妈妈一直是爱他的，并没有抛弃他，而且妈妈非常努力地试图帮助他。

刘阳总是认为妈妈在推卸责任，这应该是刘阳心中对妈妈怨气的一个主要来源。刘阳总认为妈妈在挑剔他，这其实是

第五章
纪录片《我的叛逆儿子》解析

刘阳的"受害者情结"在作祟。而人要成长,必须从"受害者情结"走出来,最快的方式就是代入父母的角色去理解父母。当然,这里主要是理解母亲。

而母亲的伤痛需要被疗愈,是因为母亲也得学会把自己的无奈、愧疚、痛苦呈现出来,让孩子感同身受,让孩子知道并不是只有他在痛苦。

但上文中母亲的这段话是无法起到这样的作用的,因为她依然在压抑自己的痛苦,不敢彻底表达出来,因为她拿捏不准自己的痛苦是否会伤害到孩子。实际上不会的,一个人要成长,要摆脱"受害者情结",唯一的方法就是生起拯救心理,也即是"原来妈妈也这么痛苦,那我要去帮妈妈""妈妈呀,儿子长大了,由我来保护你吧"。

跳出创伤,跳出"受害者情结",成为负责任的人,这是创伤疗愈后必须做的功课。而若刘阳解开了对母亲的心结,那妹妹自然就会和哥哥和好了。

主持人:我想问下刘阳妹妹。你看其实刘阳在我们外采当中,说到妹妹的事情,他从头哭到尾的。我不知道刘阳妹妹你看这段,你什么感觉?

妹妹:我不知道他为什么会这样,他说是我爸妈叫我不要跟他玩,可能他比我大两岁,比我懂事早一些吧,但是我不

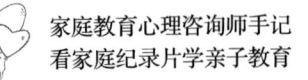

记得了。

主持人：但是他打你的事，你记得吗？

妹妹：打我，反正打过很多次，我也不可能说每次都记得。

主持人：打得狠吗？打的时候。

妹妹：青一块紫一块呗！

主持人：应该打得比较狠。后来就不跟哥哥玩了？

妹妹：他经常打我，我为什么还要和他玩？

主持人：你现在还恨哥哥吗？是害怕，还是恨？

妹妹：我谈不上恨，因为是一家人。

主持人：那你恨你妹妹吗？

哥哥：我因为恨她，才会去骂她、打她。

主持人：打完以后呢？

哥哥：打完以后觉得不应该。

我们认真解读这段对话，妹妹对哥哥的主要情感其实不是恨哥哥打她。如果是恨哥哥打她，那她提起哥哥打她的事情，应该会很激动的，会不受控的。但显然，妹妹的语言是"我不记得了"。特别是从后面对话中妹妹的表达，我们一下子就可以判断出来，妹妹在乎的是什么。妹妹在乎的是刘阳对妈妈的态度，因为妹妹是能理解妈妈的。

第五章
纪录片《我的叛逆儿子》解析

当然,我不知道是什么原因让妹妹能这么理解妈妈,有可能是父母离婚时妹妹还太小,这件事情对她的冲击比较小。相对来说妈妈对妹妹也没有产生那么多愧疚,所以妈妈能自然地和妹妹相处,能自然地关心和呵护妹妹。也因此妹妹长大后,反而相对更能体谅妈妈。

而刘阳,因为已经受到了伤害,妈妈的内疚又强化了他的伤痛,所以会产生"受害者情结"。

妹妹能够体谅妈妈,却不能理解哥哥的行为。

我们仔细感受妹妹后来说起哥哥时的语气和微表情,会发现,实际上她对哥哥一直有恨铁不成钢的心理。

观察员:你是一个哥哥,你是你们这个家里唯一的男人,你还这样没担当。我作为一个妈妈、一个阿姨、一个长辈,我不喜欢你这种男孩子,不喜欢你这种男人。

刘阳:我可以理解,因为周围的人都是这么认为的。

对于观察员的观点,刘阳的反馈是"我可以理解"。可以看出,他是逆来顺受的。被抛弃者的无奈之处就在于,他对别人对他的抛弃、嫌弃已经习以为常,连反抗的想法都没有了。他不懂得怎样引起别人对他的关心,不懂得如何让别人理解他、爱他,而是习惯了,"因为周围的人都是这么认为

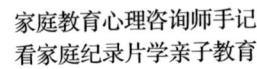

的"。这就是哀莫大于心死。

观察员：我不这么看，我觉得应该道歉的是你爸爸和你妈妈，主要是你爸爸。这个经历说出来以后，我其实更加理解了，这个刘阳为什么打他妹妹。我是这么觉得：他打小，父母不和他们两个在一起，所以，他就极度地没有安全感和自信，不会跟别人交往，没朋友，只有一个妹妹（一起）玩。结果，父母不让妹妹跟他玩以后，他就更加地缺少了自信，因为这是自己的妹妹，而且是父母不让跟他一起玩的时候，所以，他就会对这个事情有很大的反感。他的这种不自信跟不安全，他无处发泄，他只有通过打妹妹才能发泄。

这段话挺有力的，说到了重点。

我发现在《理直气壮的啃老女儿》和《我的叛逆儿子》中，观察员都做得非常好，是非分明。对于《理直气壮的啃老女儿》中的小金，就应该反驳，指出她的错误之处；而对于本案例中的刘阳，则应该给予理解和支持。

实际上，最离谱的就是刘阳的父亲，他是应该被谴责的。刘阳的生命中严重缺乏"父亲"力量的支持，更不存在父亲树立的榜样。

一个完整的生命重建，是需要补上这个部分的，而且这条路十分漫长。因为这里的资讯不够,特别是片中没有触及这个部分,本文就不展开讲解了。

所以,由一个男性咨询师树立起强而有力的榜样,是十分重要的。如果咨询师一边同理刘阳,一边强而有力地告诉他:"你是男子汉,你爸爸不负责任,你不能学习你爸爸。你爸爸已经抛弃了你妈妈,你不能再指责你妈妈了。你要承担起这个家庭的责任,你要照顾你妈妈了。你不会,我来教你。"这对刘阳,会是一个很有力的支持。

在长期深入的咨访关系中,咨询师会成为来访者潜意识中的"父母",也就是我常说的"意象化后的父母"。所以,咨询师可以暂时代入刘阳父亲的角色,成为他的榜样,引领他成长。

小结

本节我们讲解了如何帮助刘阳化解曾经受到的心理伤害,重建生活的信心,承担起生活的责任,具体包括以下方法。

(1)让刘阳看到妈妈对他的爱、对他的付出。

(2)让刘阳看到妈妈其实也是这场婚姻中的受害者,看到妈妈的痛苦与无奈,理解妈妈当初的选择。

(3)让刘阳跳出创伤,跳出"受害者情结",成为负责

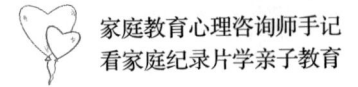

任的人。

（4）对于刘阳，要给予理解和支持。

（5）由一个男性咨询师树立起强而有力的榜样，教他承担男子汉的责任，照顾好家庭。

后记

本书对纪录片的讲解内容根据青稞督导小组课堂教学内容整理而成，因教学需要，选择了一些比较有代表性的纪录片案例来讲解。

青春期孩子出现的厌学、休学、叛逆、情绪失控、沉迷游戏、沉迷网络等情况，乃至成年后的啃老等现象，都是十分普遍的，也是近年来姚老师在一线工作中，帮助众多家庭研究、解决的主要问题。虽然每个家庭的具体问题有所不同，但其背后的原因都有相似之处。在本书中，姚老师将相关的共性理论融入案例，加以解读。

若阅读了所有文章，却依然无法解决自己家庭的问题；或者看似知道如何解决，做起来效果却不理想，也别因此而感到挫败。因为解决家庭问题是一个系统工程，除了理论指导，更需要现场体验；除了共性的解决方法，还有个性的部分，需要由老师带领我们拨开重重迷雾，清除潜意识中不受控的作用力，看清家庭的"盲区"，看到我们个人的盲区。老师会手把手带领我们找到推动孩子、推动夫妻关系走出困境的方法。

在修正旧模式、重建新模式的过程中,体验的改变是核心,是根本。而体验的改变,只能靠面对面来推动。改变孩子的体验,可以经由父母来达成;而改变父母的体验,则需要类似于督导小组的这种"熔炉",在老师有意识的带领下进行重塑,且需要时间逐步推进。

另外,特别提醒读者朋友们,对于孩子休学问题,越早干预效果越好,甚至在孩子刚出现厌学苗头、学习动力不足等问题时,就应当及时干预,这时改变的难度更小。退缩在家时间越长,改变难度越大。

若孩子的问题已经比较严重,自己调整的难度非常大,务必尽早寻求专业人士协助,切勿错过问题解决的窗口期。

殷丽丽
2022年9月